北の企業家

撃て！そして狙え！

巨艦DIYの船出

キムラ会長

木村勇市

KIMURA Yuichi

北海道新聞社

北の企業家

撃て！　そして狙え！

巨艦DIYの船出

はじめに

私の父・木村正二が札幌市の狸小路東端に金物小売店を開いたのは、敗戦後間もない1946年（昭和21年）5月だった。今の住宅資材・機器などの総合商社「キムラ」の前身だ。

当時、私はまだ小学1年生で、戦後の混乱に揉まれながらも、父母や店の従業員、街の人たちが、復興と発展の波の中で生き生きと暮らしていたことを覚えている。

私は大阪での学生生活と修業を終え、家業を継ぐべく1963年（昭和38年）1月に札幌に戻った。そして、その後、大きな決断を二度した。

最初は入社間もなく、それまでの業態だった小売業から、住宅建築数の増加を背景に、住宅資材・機器を中心にした卸売専業に大きく舵を切ったことだ。

2度目は、2001年（平成13年）、超大型ホームセンター経営に挑むため、ジョイフルエーケーを設立し、翌年、札幌市に屯田店をオープンしたことだ。約40年を経て、一度離れた小売業に「回帰」する決心だったといえる。

もちろん二つの決断や、社運をかけたこれまでの挑戦には、準備と目算があった。企業経営にとっては当たり前だ。だが、一から十まで先を読み切れるものではない。

私は、まず「撃つ」(動き始める)ことを考えた。思わぬ出来事や反響、賛否両論…。いろいろな声が上がるが、「狙う」(目標を定める)のは、その後でもいいのではないか。失敗もあったが、私が思う経営の鉄則は、まさに「撃て！　そして狙え！」なのだ。

目次

Prologue

プロローグ

プロローグ

２０１８年（平成30年）９月６日午前３時７分、最大震度７の胆振東部地震が起きた。札幌市中央区にある私の自宅も普通ではない揺れに見舞われ、テレビをつける間もなく停電になった。

近くに住む長男の勇介（キムラ、ジョイフルエーケー社長）と、互いの無事を確認したが、どこで起きた地震なのか、どの程度の被害が出たのか、確認できないままだった。

私が会長を務めるキムラ本社、道内４

全道停電で、ジョイフルエーケー帯広店の店頭販売に列を作る人たち（2018年９月６日）

店の大型ホームセンター「ジョイフルエーケー」など関連各社が無事なのか、気がかりだったが、電話が通じにくい上、経営トップがじたばたしても混乱するだけだと考えて、現場からの連絡を待つことにした。

間もなく、ジョイフルエーケーの小池猛夫常務（統括・店舗運営担当）から連絡が入った。道内全域が停電だが、幸い店舗に大きな被害はなく、可能な限り通常通りの時間に開店するという。

私たちは、自宅から一番近い屯田店（札幌市北区）に車で向かい、午前6時ごろ到着した。店にはすでに幹部社員、従業員たち数十人が出社していた。

窓のない店内は、外が明るくなっても真っ暗で、何も見えないといっていいほどだった。このまま来店客が店内に入れば、事故にもつながりかねない。停電も長引きそうだと判断し、災害時に必要な商品を店先に置く店頭販売に切り替えた。水、乾電池、発電機、懐中電灯、ラジオ、ろうそく、卓上ガスコンロのボンベ、ポリタンク、紙おむつ…。果てはペットのは虫類のえさにするコオロギまで、考えつくものは全部、店頭に運び出した。

住宅・建設関連の資材、機器を販売する「資材館」の開店は、通常でも午前7時と早い。お客様もそれを知っていて、私たちが店に着くころには早くも列ができ始めていた。ただ、停電で店内約20台のレジは使えない状態だ。非常用発電機から2台分の電気を取って何とか営業を始めたが、店頭で注文を聞き、商品を受け取った来店客がレジに並ぶ、という不自由な営業を強いられた。

開店後も、列は延びるばかりで、ピーク時の昼近くには500人以上のお客様が駐車場を幾重にも囲み、最大4時間並んだ人もいたという。

一方、地震発生から間を置かず、各店の商品担当者はそれぞれの判断で商品確保に動き出していた。ジョイフルエーケーの強みの一つが運搬用トラックを持っていたことだった。連絡がついた仕入れ先は「品物はあるが、運ぶ手段がない」という。そこで「では、私たちが取りに行きます」と、各店のトラックが仕入れ先に出向き、必要な商品を積んで戻ることができた。

大曲店（北広島市）、大麻店（江別市）、帯広店（帯広市）の3店もほぼ同様の対応を取った。屯田店では、停電は地震翌日の午後まで続いた。来店客には不自由をかけ、商品もすべて揃ったわけではないが、発生から3日目には、普通に店内に入り、普通に買い物ができる態勢に戻ることができた。

今回の地震への対応で、私はジョイフルエーケーの「本領」をあらためて示すことができたと思っている。

第1は、膨大な量の「物」を持っていたことだ。ジョイフルエーケーは道内4店舗と数が少なく、在庫を極力持たないで綿密に管理された物流態勢で運営するチェーンストア方式の経営とは一線を画している。4店舗は、いずれも売り場面積程度のバックヤード（倉庫）を備えており、ほとんどの商品の在庫はどこよりも多かったはずだ。例えば、飲料水はペットボトル6本入り1000ケースをストックとして積み上げていた。

過去の話になるが2004年（平成16年）の台風18号で、北海道大学のポプラ並木をはじめ多くの風倒木が出た時、屯田店で1日20台のチェーンソーを販売した。多くの人から驚かれたのは「20台も売れた」ことではなく、「チェーンソーの在庫が20台もあった」ということだった。今回も同様だったといえるのではないか。

大量の在庫を抱えることは、経営上、賛否はあるだろうが、結果としてお客様の役に立てたことが、何よりうれしかった。地震という不意の災害時に、必要な商品を多くの被災者、消費者に届けることができたと自負している。

第2は、従業員たちのマンパワーだろう。地震発生から1、2時間後には多くの従業員が各店に出社し、店頭販売に備えていた。大麻店では、普段はマイカー通勤の従業員が、帰宅の時のガソリンが不足するかもしれないと、1時間半かけて自転車で出勤してきた。

水や乾電池などは来店客にすべて売り切り、従業員が自分の分を確保することは一切なかった。数少ないレジを終日打ち続けた担当者も、仕入れ先にトラックで出向いた従業員も、ジョイフルエーケーはいざという時に頼ってもらえるインフラなのだ、という使命感に突き動かされていたに違いない。

だが、何よりジョイフルエーケーを支えてくれたのは、お客様からの信頼感だろう。地震発生当日に来店してくれたお客様から数日後、便りが届いた。

「地震の朝は早くからお店を開けていただき、本当にありがとうございました。たくさんの人が安心し、大きな不安が少しは減ったことと思います。すごい行列でしたが、社員の皆様の必死さに誰一人文句を言う人もなく、その待ち時間の間に頭を整理することもできました。社員同士で大きな声を張り上げることもなく、みんな一生懸命に仕事している様子に涙が出ました。本当にありがとうございました。（中略）列に並んでいる時、たくさんの人が『ジョイフルエーケー、ありがとう』と言っていました」

お客様に喜んでもらうことが、私たちの喜びだ。今回の地震対応では態勢が不十分だった反省点もある。だが、後日、各店の売り場で、従業員にねぎらいの言葉をかけてもらったことが、一番の励みになった。被災者の方々が一日も早く平穏な暮らしに戻れることをお祈りしながら、万が一の時でも「行けば何でもある」「なくても何とかしてくれる」という期待にこたえる「インフラ」を目指そうと決意を新たにしたのだった。

01

「生活創造母艦」発進

01 「生活創造母艦」発進

巨艦店へ日参

私はジョイフルエーケーの社長を辞した2016年（平成28年）2月以降も、出社前に必ず屯田店、大曲店、大麻店を1日1カ所回り、その後、JR札幌駅近くにあるキムラ本社、ジョイフルエーケー本社に通うのが日課となっている。

店に着くのは、朝8時20分すぎ。黒い、重厚な店舗を外から見渡した後、バックヤード（倉庫、作業所）につながる事務所に入る。ちょうど従業員の朝礼に間に合う時間だ。店の全体朝礼の日もあれば、売り場ごとの朝礼真っ最中の時もある。

私は、今も「ジョイフルエーケー会長」の肩書きを持ってはいるが、職場では従業員と同格だと思っており、店舗づくり、品揃えなど店の具体的な運営には口を挟まないよう心がけている。だが、事務所の掲示板には、前日の売り上げを品目ごとに詳しく書いたA4判の業績一覧が張り出されており、どうしても日々の浮き沈みに目が行くものだ。ただ、従業員に言いたいことがあっても、言葉をぐっと飲み込んで、開店前の売り場に出るようにしている。

しかし、性分は変わらない。例えば、乾電池の陳列棚に空白があると、もうじっとしていられない。電池のパッケージを並べ替え、空白を埋めてしまう。

店頭に立つ

どの店でもいい、ぜひ一度、店内の真ん中あたりに立って、中を見渡していただきたい。

何でも揃う豊富な品揃え、プロの目にもかなう品質、「大特価」と銘打った価格。超大型ホームセンターを標榜して2002年（平成14年）に開店したジョイフルエーケーの「生活創造母艦」というキャッチコピーが、決して大げさではないことが分かってもらえると思う。「お客様の喜びが、私たちの喜びです」という私の経営理念に沿った店づくりなのだ。

いよいよ開店だ。午前9時、正面入り口の自動ドアが開くと、今日も、買い物客の

毎朝、ジョイフルエーケーの店舗を見て回る

みなさんが大きなカートを押しながらお目当ての売り場に向かって行く。私も機会を見ては入り口に立って、感謝を込めて頭を下げ、来店客の様子をうかがう。

商売人というのは、卸売業であれ、小売業であれ、お客様が何を求めているのか、どうすれば買ってもらえるのかが分かることが、本分だと考えている。特に、小売りは手から手へモノが渡るのが醍醐味だ。それを肌身で分かるのが店頭なのだ。

開店後は広い生活館店内や「ガーデン館」、別棟のペット専門の「ペットワールド」「リフォーム・エクステリアセンター」などをゆっくり見て回る。従業員が声をかけてくれ、立ち話ながら最近の売れ筋、購買層の傾向などを聞かせてもらうことも多い。

各店とも、売り場面積だけで札幌ドームのグラウンド面積（1万4460平方メートル）より広いため、ゆっくり見て回るとさすがに疲れることも多い。

そんな時は、テナントとして入店してくれたコーヒーショップ、たこ焼き店などでしばらく休憩して、本社に帰る日々だ。

ジョイフルエーケーの船出

2002年（平成14年）6月26日、私は朝7時に旭山公園前（札幌市中央区）の自宅を出て、この日開店を迎える北海道最大のホームセンター「ジョイフルエーケー」屯田店（札幌市北区屯田8条5丁目）に向かった。

普通の年なら北海道はまだ本格的な夏とは言えない時期だが、この日は快晴、白い雲が飛ぶ青空から、初夏の日差しが照りつけていた。暑いと言っていいほどだ。黒色の建物が、四方を見渡せる広大な敷地にどっしりと腰を据え、午前8時半の開店を待っていた。

オープニングセレモニーは、社長の私と、ジョイフルエーケーに出資し、人材、ノウハウを出していただいた本州のホームセンター大手、ジョイフル本田（本社・茨城県土浦市）の本田昌也会長、アークランドサカモト（本社・新潟県三条市）の坂本勝司社長に、私の長男でジョイフルエーケー取締役の木村勇介、親会社・キムラ専務の猪狩哲夫の5人が並び、紅白のテープを切り落とした。

屯田店は、道内のホームセンターとしては後発になるが、規模は群を抜いていた。キャッチフレーズの「生活創造母艦発進」に恥じない巨艦店だと言っていい。

敷地面積1万2480坪（4万1180平方メートル）、売り場面積は5700坪（1万8786平方メートル）。駐車場は現在995台だが、開店時は3000台分を確保した。当時の道内ホームセンターが売り場面積500坪から、大きいところでも1000坪ほどだったから、大きさのほどを分かってもらえると思う。

売り場の構成をみると、最大のスペースをとった生活館を筆頭に、資材館、インテリアセンター、ペットセンター、園芸、ガーデン、住宅設備機器、住宅の門扉などのガーデンエクステリアという内容だった。

ジョイフルエーケー屯田店のオープニングセレモニー

ジョイフルエーケー屯田店の外観

店のキャッチフレーズは
「住まいと暮らしの新生活拠点
生活創造母艦　発進!!
　２００２夏、熱い期待は歓喜に変わる」
と銘打ち、折り込みちらしの背景には、「母艦」という言葉が持つ巨大さ、重量感を象徴して、建造中の大型船舶の写真を使った。
表の面では、さらにこう謳った。

「初めまして、ジョイフルエーケーです。
住に関する商品でお客様の必要とするものはすべてそろえる!
しかもリーズナブルな価格で!!
これがジョイフルエーケーのモットーです。
１２５００坪の広大な敷地の内に

あふれんばかりのモノ・モノ・モノ…。
そして、いたるところに
住まいと暮らしの〝夢〟があることに
気付かれることでしょう。
『創造力が、かき立てられる』」

また裏面では

「この夏、熱い期待は歓喜に変わる
そのスケール、その品揃え!!
まさに想像以上の創造母艦」

と、だめを押した。
ここにジョイフルエーケーの神髄が詰まっているのではないか、と今でも自負している。

商品構成、キャッチフレーズを当時の広告から拾ってみると、次のようなものだった。

○日用雑貨（ホームリゾート応援！）
○日用消耗品（暮らしの必需品を大特価で品揃え!!）
○電気部材（豊富な品揃え　生活の必需品特集）
○事務・店舗用品（家庭にオフィスに）
○作業用品（屋外作業を動きやすく！）
○カーテン（家一軒分のカーテンが揃う）
○カーペット（ラグ、絨毯、ファブリックも品揃え多数!!）
○収納家具（家具・収納大集合）
○照明
○建築資材（業者さん必見!!　豊富に取り揃えております）
○大型機械（プロからビギナーまで　ハードな作業をパワフルサポート）
○農業資材（農家さん必見!!　豊富に取り揃えております）
○木材（価格、品質保証します!!　ジョイフルの木資材）
○ペット（生体、フード、ペット用品）

○花木（毎日入荷！　フレッシュフラワー）
○苗、種
○ガーデニング資材全般（お好みのお庭づくりに必要なすべての品がここに集結！）
○エクステリアセンター（もっと楽しく快適に！　暮らしの夢が更に広がります　門扉、ログハウス、デッキ、カーポート、物置、ミニハウス、外構工事、トイレ）
○住宅設備機器（システムキッチン、浴槽）
○灯油（大型地下タンク）

杞憂だった「不安」

品揃え、陳列棚を何度も点検し、警備・案内の人員配置も十分に手配した。開店10日前からは開店予告のチラシを配り、開店当日は畳1枚分もある大型広告37万枚を新聞に折り込むなど、準備は怠らなかった。

だが、はたしてどれぐらいの人が来てくれるのか、事故やトラブルなく営業を始められるのか。結果は後から付いてくる、というのが楽観主義者でもある私のモットーであり、準備万端の自信も、社内外や一般消費者からの手応えも肌で感じてはいた

来店客で混雑する開店初日の屯田店

が、正直、不安がなかったわけではない。

店舗周辺は、目立った施設といえば大型スーパーのイトーヨーカドー屯田店ぐらいだ。最寄りの交通機関は、札幌市営地下鉄南北線の麻生駅からの中央バス2系統だけで、郊外型店舗の宿命として、来店客の車に頼らざるを得なかった。

また当時は、周囲の住宅街もまだ成熟しきっておらず、ホームセンター業界やキムラの取引先からは「本当に大丈夫なのか」「うまくいくとは考えにくい」などと、不安がる声が上がり、いぶかしげな視線さえ浴びていた。

当然、知名度もまだ十分でなく、私が建物の工事現場を見に行った時、近所に住む女性から「この建物は何ですかね。真っ黒だから倉庫でしょうかね」と聞かれ、苦笑せざるを得なかったほどだ。

だが、開店初日、営業が始まる午前8時半には、買い物客の列が早々とできていた。一般ユーザーとともに、ターゲットの客層と考えていた建築、建設、資材関係の、いわゆる「プロフェッショナル」の人たちやその車も、じっと開店時間を待っているふうであった。

開店のテープカットが終わると同時に車と人がなだれ込み、それぞれが大型カートを押しながらお目当ての売り場を目指していった。大賑わい、いやちょっとした混乱と言っていいほどの店内になった。そして、この時、私や会社関係者の不安は、杞憂だったことが分かった。

初日は水曜日だったにもかかわらず、午後8時の閉店までに8万人が来場してくれた。この記録は、ジョイフルエーケーではその後、屯田店でも、ほかの店でも破られていない金字塔となっている。

提携先の協力

私たちにとって、超大型のホームセンターを開設するのは、もちろん初めてだった。むろん、自社だけで十分な対応ができる態勢、ノウハウはまだ整っていなかったので、開店初日は、資本提携していたジョイフル本田、アークランドサカモトの従業員による混成部隊が大挙、応援に駆けつけてくれた。

車の誘導、レジ、袋詰め、客の対応、エレベーター係、来客用のカート集め…。関東、新潟などの激戦地で戦っている両社の支援があればこそ、開店までこぎつけ、オープン初日を乗り切ることができたといっていい。ジョイフル本田は社長自らが、仕入れ業者に号令を下し、円滑な売り場づくり、運営を陣頭指揮してくれた。

驚いたのは、ジョイフル本田の応援部隊が閉店後、夜遅くまで売り場の配置やレイアウトを何度も何度も変えていたことだ。

それは、私たち売る側の視点ではなく、足を運んで買ってくれる来場者の視線がどこにあるのか、どうすれば買ってもらえるか、買いやすい陳列とは何か、を第一に考えてのことだった。今で言う「お客様目線」を売り場にどう反映させるのかを実践して、我々に見せてくれたのだろう。売り場づくりの厳しさをあらためて知ることになった。

今でこそジョイフルエーケーもバーコードを使うPOSシステムを導入しているが、屯田店の開店時はまだ、手打ちのレジだった。そこでジョイフル本田が、凄腕の女性レジ担当部隊を編成し、開店に合わせて送り込んでくれた。未熟な、のんびりしたレジでは対応しきれなかったに違いない。

もちろんジョイフルエーケーの親会社のキムラも、役員は総出、従業員も可能なかぎり売り場やバックヤードに出て乗り切った。役員がレジの終わった商品を紙袋に詰める作業に汗し、客が使うカート回収を担当する社員は、この日の強い日差しであっという間に真っ黒に日焼けしてしまった。

私はといえば、現場では役に立ちそうになかった。せめてもの手伝いをと、正面玄関に近い売り場に出て、トイレットペーパー売りの「担当」になって、来場者の対応や商品の補給に精を出した。これが1カ月間も続いた。

みんなの応援、奮闘で初日の売り上げは約8600万円に達した。今、ジョイフルエーケー各店の売り上げは土、日曜日、フル回転でざっと3000万円だから、どれほど熱い一日だったかが分かる。ジョイフルエーケー創業以来、この日の売り上げが一日の最高額、誇りを持てる大記録だ。

また、当然のことではあるが、ホームセンター業界の各社トップも、全国から開店時の視察のために来店していた。

だからなのかもしれないが、ジョイフル本田の会長からは警備や客の誘導などで厳しい指摘も受けた。自社の誇りでもある「ジョイフル」を冠した店舗が、客や関係者から「ジョイフル本田が指導してこんな程度か」と言われるのだけは避けたかったのだろう。

彼らにとって、ジョイフルエーケーの開店を手伝うことは、片手間ではなく、ボランティアや好意からだけではない。自らのプライドをかけた業務だったのだ。私たちも叱咤激励と受け止め、心身を引き締めた。

また、周辺道路が来店客の車で大渋滞になり、誘導の係員だけではおぼつかなくて、警察署からは「どうなっているのだ」と、おしかりも受けた。ジョイフルで働いていたキムラの社員が得意先と出会って「ここで何をやっているのだ」と小言を言われたというエピソードも残っている。

ジョイフルエーケーへの道

私が大型ホームセンターを目指そうと初めて考えたのは、実は昭和40年代の後半、今から50年近くも前のことだった。

当時、アメリカの商業地を視察した時、住宅用のハードウエア、日曜大工関連の商品を扱う郊外型の大規模店の存在が印象に残り、北海道、日本でも成立する業態ではないかと思ったのだ。つまり、今後、日曜大工のファン層が広がり、住宅リフォームの時代が来た時に1カ所に行くだけで道具、資材、建材すべてが揃う「ワンストップ」の店舗が必要になるだろうとの発想だった。

だが、まだ「ホームセンター」という名称は生まれておらず、「ドゥ・イット・ユアセルフ（DIY）」という言葉も国内では浸透していない時代だった。

しかも、キムラは住宅資材、建築金物などの卸売業が専門の会社だ。一般ユーザーを相手にした郊外型の大規模小売店を立ち上げるのは、卸売りの得意先とバッティングする店舗をつくるに等しい「暴挙」にも映り、参入には躊躇せざるを得なかった。

そうしているうちに、1972年（昭和47年）、埼玉県与野市（現さいたま市）の国道17号沿いに、今のホームセンターの原型ともいえるDIY形式の店舗「ドイト与野店」がオープンした。売り場面積は2000平方メートルほどだった。業界では、これを「平屋大型店舗、駐車場併設、素材の自己加工」というホームセンターの国内第1号としている。

この後、ホームセンター業界は1980年代にかけて、新たな参入と激しい競争の時期を迎えた。ケーヨー（1974年、千葉県木更津市）、ジョイフル本田（1976年、茨城県土浦市）、ホーマック（同、北海道釧路市）、コメリ（1977年、新潟県三条市）、アークランドサカモト（1978年、新潟市）など、いまの大手、中堅のホームセンター業者はこの頃に出揃っていた。進出してきた業種は、タクシー会社、木材卸、米穀販売、金物卸、燃料販売などさまざまだ。それだけ未開拓の、新しい市場と業態だったといえる。

ホームセンター業界は？

ここでホームセンター業界の推移を紹介しておきたい。

日本ドゥ・イット・ユアセルフ協会によると、国内のホームセンター小売市場の規

ホームセンターの売上高と店舗数の推移

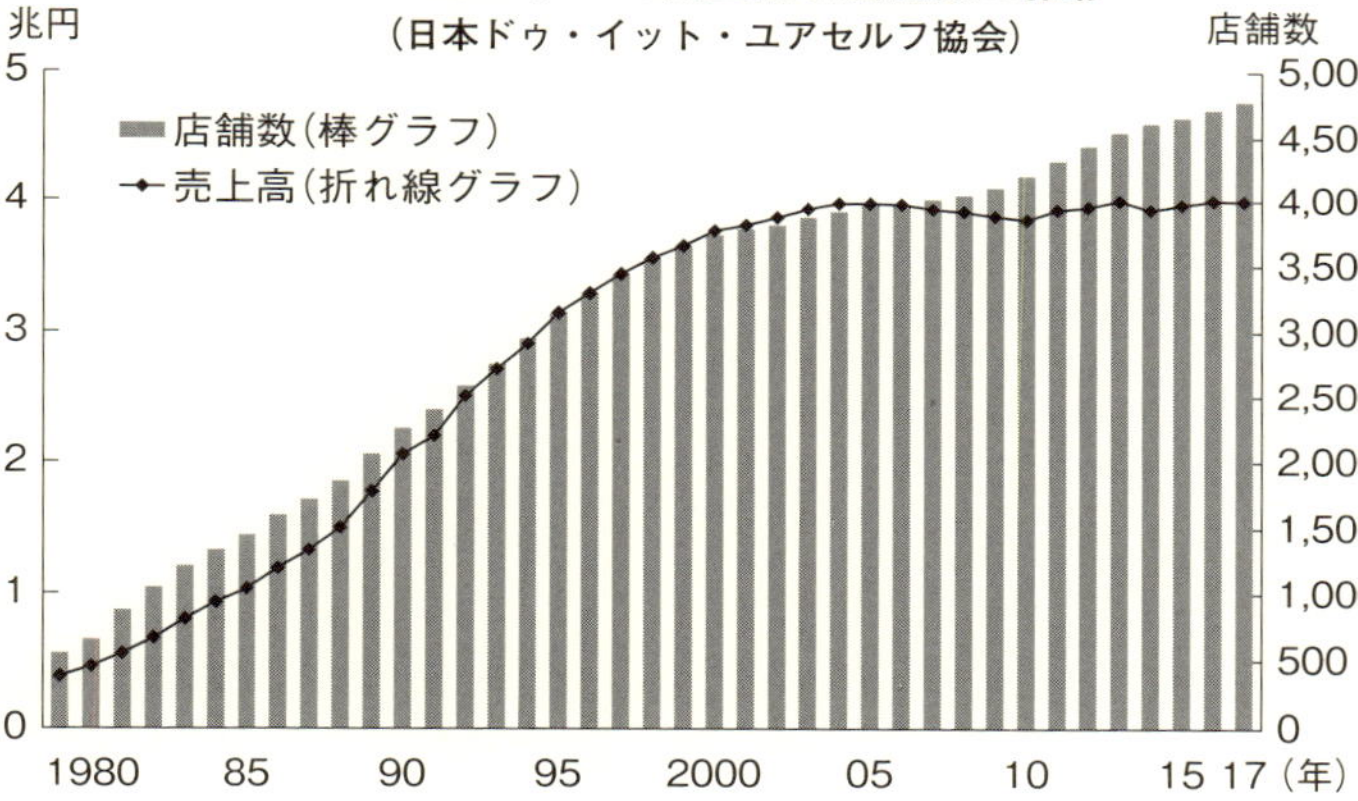

模は、１９７０年代は毎年倍増というハイペースで成長。80〜90年代も年率10〜20%で拡大を続けた。

２０００年度（平成12年度）以降は大幅にペースダウンし、年1%台に。２００６年度（平成18年度）以降は、一時マイナス成長にあえぎ、２０１４年度（平成26年度）は前年度の98・7%、２０１５年度（平成27年度）１００・７%、２０１６年度（平成28年度）１００・８%と、ほぼ横ばいで推移している。

伸び悩む理由は、投資費用の高騰、業界内の競争激化で新しい店の出店ペースが落ちてしまったためだ。その上、インターネット通販や他の小売業種が家庭用品の領域に進出してきたことが大きい。

だが、2016年度の市場規模は前年を0・8％上回る3兆9850億円とわずかながら回復しており、住宅リフォームなど高額の商品が売れ始めたことや、女性、若者といったこれまでにはない客層の開拓が下支えとなり、明るさが見え出したといっていい。

キムラのDIY事業始動

話をキムラに戻すと、わが社では、すでに1975年度（昭和50年度）の経営方針の中で開発部開発課の方針として「DIY産業の育成をはかり、DIY商品のルート化の確立」という文言が登場する。

だが、先に書いたとおり、卸売りが、得意先と真っ向からぶつかるライバル店をつくってはならない、というのが当時のキムラの考え方だった。だから、DIY業界への参入は、自ら店舗をつくるのではなく、ホームセンターへの商品供給という、ややもどかしい形をとらざるを得なかった。

その後、ホームセンターの業態が定着し、道内各地に店舗ができ始めた。そこで私たちは、まず金物、木材などを扱っていた店に、ホームセンターへの業態転換を提案した。1982年（昭和57年）、社内にDIY事業部を創設し、函館市内に「イエローグローブ」1号店を、地元企業と共同で開いた。先頭に立ってくれたのは、本州のホームセンター「ドイト」の役員から紹介を受けたベテランの同社事業部長だった。協力してくれる小売店に商品を卸す一方、キムラが店の棚づくり、品揃えなどを指導する「ボランタリーチェーン」としての出発だった。

ボランタリーチェーンは、複数のチェーン店が個々の自立性を保ちながら、キムラが共通の商品を安価かつ大量に卸すことができ、うまく機能すれば私たちと個店はウィンウィンの関係を築けると考えたのだ。

翌1983年度（昭和58年度）の私の「経営に取り組む基本姿勢」では、「10年来『キムラ』があたためていた日曜大工センターのチェーン本部としてイエローグローブが（中略）実現され、第1号店もはやばやとオープンの運びとなる」と記した。また同じ年のDIY事業部の方針の中では、年度目標として

①地域、商圏リサーチの徹底による生活者ニーズの把握
②チラシへのハウツーシリーズ連載と店内POPの作成による日曜大工センターとしての雰囲

気づくり、及び年間販促計画の作成

③デモンストレーターを至急養成し、加盟店へのDIY技術の指導と販促への協力

④加盟店への巡回フォローによる店舗管理技術の指導と店舗管理マニュアルの作成

⑤キムラにおけるDIY商品の担当責任者の確立と各営業所各課との対話強化に基づくDIY問屋としての小売マインドの育成

⑥年度内オープン店舗数10店舗の達成

など10項目を挙げている。キムラがホームセンター創設の意欲を再確認した時期だったといえる。

さらに、1983年（昭和58年）に千歳市にイエローグローブを開いたのをはじめ、恵庭、静内、帯広など各地に、キムラが商品を卸し、運営などを指導するいわゆるボランタリー店を展開した。

攻防

先に書いたとおり、キムラが小売業に進出することには、社内外に抵抗感がなかったわけではない。ただ、日曜大工用資材・工具、園芸用品、日用雑貨などを一般ユー

ザーに販売するホームセンターの業態は、高度成長が行き詰まる中、新しいビジネスモデルとして期待されていた。実際、１９８０年代の市場規模はざっと1兆円規模、成長率は10～20％で、一層の拡大が予想されていた時期だった。

私も時代の趨勢として、キムラの発展にはホームセンター参入は必須と考えるようになっていた。

だが、思い描いたとおりにいかないのが現実だ。

当時、道内のホームセンター業界では石黒ホーマ（１９９５年、ホーマックに改称）が激しい出店攻勢をかけていて、恵庭、千歳のキムラの店舗「グッドー」のすぐそばにも、大規模店がオープンした。グッドーはジョイフルエーケーより小規模で３５０～５８０坪程度、これに対して石黒ホーマは１０００坪の店構え。しかもチェーン展開の強みで大量仕入れ、大量販売に秀で、私たちより仕入れ価格では５％は低かっただろう。

とても太刀打ちできる差ではない。大きさで敵わず、チェーン展開で圧倒されたといっていい。

実際、恵庭、千歳は隣接地の石黒ホーマ開店で、売り上げが４割ほど落ちた。頑張れば2割ぐらいまでには回復できただろうし、それなら商売になったかもしれない。だが、気持ちのいいものではない。

残念だが、「決断」は早いほうがいいと考えた。千歳、恵庭とも店舗を閉め、イエローグローブも提携先との歩調が合わず、看板を譲って事実上の撤退を選んだ。

撤退を強いられた原因は、店舗規模やチェーン展開による仕入れ価格の差のほか、小売業から離れていたキムラが、ホームセンターの経営ノウハウがない中でボランタリーチェーン運営に行き詰まったことも挙げられる。

また、当時、ホームセンター業界は急成長のまっただ中で、まだ成長の余地は大きいものの、業界全体が成熟期に入る時期でもあった。後発で参入するには十分な準備はできていなかったと思う。

出直し

「ジョイフルエーケー」の名称は、資本提携したジョイフル本田の名と、アークランドドサカモトの頭文字「A」、キムラの頭文字「K」を組み合わせたものだ。

1号店の屯田店開店の2002年（平成14年）6月の10カ月前、本格的な準備のために株式会社ジョイフルエーケーを設立したが、大型ホームセンターを本気で目指したのは、その10年ほど前だった。

巨艦店経営のノウハウを学び、出店に協力してもらおうと、ジョイフル本田に出向いたものの、実は、その時はあっさり断られたのだ。理由は、はっきりしていた。

当時、私はキムラの社長を務めており、本田サイドにはキムラの住宅資材・機器卸売業と、大型ホームセンターとの「二足のわらじ」に見えたのだ。私の本気度が足りないと映ったともいえる。

もちろん、私は中途半端な決意でホームセンター経営を始めようとしたのではない。キムラは1946年（昭和21年）の創業から、1963年（昭和38年）までは金物、大工道具、工具などの小売りを本業にしていたし、卸売専業になった後も一時、ホームセンター「イエローグローブチェーン（後のグッドーチェーン）」を北海道内で展開するなど、ホームセンター経営を指向していた。

小売業でも、卸売業でも、顧客に喜んでもらえた、満足してもらえたというのが、商人冥利だと考えている。お客様と接することで、お客様の反応が体に伝わってくるというのが実感だったし、「現地、現場、現物にヒントあり」というのが、私のモットーなのだ。

だから、覚悟はもうできていた。一度は提携、協力を断られても、大型ホームセンターを経営したいという私の気持ちに揺るぎはなかった。

そこで、5年後、もう一度、ジョイフル本田の扉をたたいた。今度は、私も覚悟を決め、キムラの社長を長男・勇介に渡し、それ以外の役職、公職からもすべて身を引いた。以前から交流のあったアークランドサカモトにも、ジョイフル本田との橋渡しをしてもらい、ようやく「それならば」という返事を得た。長年の夢だった大型ホームセンター実現の動輪が動き出した瞬間だった。

何でもあった

ジョイフルエーケーの出資比率はキムラ51%、ジョイフル本田、アークランドサカモトが各24・5%。あくまでも経営の責任はキムラが負うという意志を示す比率だといっていい。

設立当時、私は還暦を過ぎており、キムラにとって新しい事業展開だから、若い人に任すこともあり得たろう。だが、本州のホームセンター激戦区で戦う百戦錬磨の両

ジョイフル本田の店舗

社だけに、ジョイフルエーケーの設立交渉や経営が軌道に乗るまでの間は、私が矢面に立つべく、社長として指揮を執ることにした。

ジョイフル本田
▽設　　立　1975年（昭和50年）
▽本　　社　茨城県土浦市
▽資 本 金　120億円
▽従業員数　約5000人
▽事業内容　ホームセンター経営
▽主な店舗　ジョイフル本田は茨城、千葉、群馬など6都県15店舗、その他の単独店は4都県5店舗
▽売 上 高　1486億7600万円（2018年6月期、連結）
▽元材木業で、首都圏近郊の大型ホームセンターの代名詞

アークランドサカモトの大型ホームセンター

アークランドサカモト
▽設　立　1970年（昭和45年）
▽本　社　新潟県三条市
▽資本金　64億6200万円
▽従業員数　約4500人
▽事業内容　「ホームセンタームサシ」の経営、DIY関連商品の卸売り
▽主な店舗　ホームセンタームサシは新潟、宮城、山形、神奈川、大阪など42店舗
▽売上高　1052億3200万円（2018年2月期、連結）
▽卸売業を営み、ホームセンターを中心に多角経営を続ける

もちろん、出資してもらった両社からは強力な支援を得た。アークランドサカモトは資本以外にも、将来、北海道進出を計画した時に店舗用地として確保していた札幌市屯田の土地を提供してくれた。ジョイフル本田には、経営の

ノウハウ、資本のほかに人材育成のため、力を貸してもらった。

２００１年（平成13年）４月、初めて社員20人を採用した。将来の幹部社員の候補だった。といっても、実際の店があるわけではなく、大型ホームセンターなど見たことがない人たちばかり。転職してきた人もほとんどが異業種からだった。最近でこそ、「みんな、よく会社に入ってくれたね」と笑い話にもなるが、当時は手探りそのものだった。

むろん、大型ホームセンターの店頭に立つのは初めての人ばかりだ。その年の12月下旬、群馬県新田町（現・太田市）にあったジョイフル本田新田店の独身寮に入り、研修先の店で「君は自転車担当」、「あなたは木材」などと実地で販売、仕入れを学ぶことになった。

長男の勇介（現社長）は当初、茨城県土浦市荒川沖店で日用雑貨の担当となり、研修中の腕章を付け、店頭に立った。本人によると、日用雑貨なら客から何か聞かれても困ることはそうないだろうし、質問や問い合わせの数も多くはなかろう、と考えていたらしい。

だが、客にとっては研修中の腕章など関係なく、質問が矢のように飛んできた。

そして最初に受けた質問には目を丸くしたという。その買い物客は「今度、脱サラしてお好み焼き店を始める。必要な器具、食器などをすべてここで揃えたい」というのだ。

こんな注文も飛んでくるのかとびっくりしたが、もっと驚いたのは、お好み焼きをひっくり返すコテ、ソースを塗るタレバケなど必要な器具類が全部、その1店だけで揃ったというのだ。つくばの研究機関の職員が何に使うのか、バケツを探しに来たりもしたという。

価格でも決して見劣りしていなかった。例えばバラの花。米国の巨大ホームセンターでは1本40～50円と、びっくりするほど安いのだが、ジョイフル本田でもそれに近い値段で売っていた。50円ぐらいだったろうか。花は日常必需品と言ってもいい。それを安く提供し、消費者の役に立とう、住まいをよりよくしてもらおうという姿勢を学んだ。

来店客は「ジョイフル本田なら何でもある」「アークランドに行けば大丈夫」と期待して来る。お客様の困りごと、こんなもの、あんなものという要望にどう応えるか、を理解した上での規模、品揃え、サービスだった。一言で言えば、ここに来さえすれば、家1軒を建てることができるのだ。

16万アイテム

北の大地・最大級の巨大ホームセンター開店は、各方面から注目された。屯田店の開店日は周辺の混雑、混乱も予想されたので、恐縮と思いながら、新聞、テレビ各社に対して取材を遠慮してほしい、とお願いした。だが結局、1社を除いて全社が取材、撮影に来た。それだけ、読者、視聴者の関心が高いと判断してくれたのだろう。

少し後の話になるが、北海道内のホームセンター業界でも、分散型の店舗展開から巨大店を指向する動きも出だした。

キムラにとっては、1963年（昭和38年）に卸売専業に業態を変えて以来、多少の試行錯誤はあったものの、小売業への回帰は約40年ぶりとなる。社運をかけた挑戦だ。ジョイフル本田、アークランドサカモトとの提携など、準備にぬかりはなかったし、勝算もあった。

だが、実際に動き出さないと新しい事業の評価はできない。まず撃って、それから狙いを付け直す、そんな考えでいた。

ジョイフルエーケーのロゴマーク

先に少し触れたが、ジョイフルエーケーのコンセプトと、消費者へのメッセージを紹介しておきたい。

まず、店のキャッチフレーズは「A MOTHERSHIP OF LIFE CREATION」。訳すと「生活創造母艦」ということになる。

それまでのホームセンターとの一番の違いは、北海道最大規模を誇る広大な売り場面積と、一般のお客様だけでなく、関連業界のプロのニーズをも満たす圧倒的な商品群だ。

そこには、北海道だけでなく日本のホームセンターの概念を超え、世界基準のホームセンターを目指すという決意を込めている。ロゴマークの中にも、「GLOBAL HOMECENTER」（地球規模のホームセンター）とうたった理由もそこにある。

住まいと暮らしに関わる、あらゆるジャンルの商品を揃え、次の時代の生活のあり方を次々に提案することが、生活創造母艦の名にふさわしいジョイフルエーケーの役目だと位置づけたのだ。

では、お客様のニーズにどう応えるのか。

○アイテム数16万点。多品種・多項目にわたる品揃え

住まいと暮らしに関するあらゆる商品を用意する。この考えを出発点にし、商品を豊富に取り揃えた巨大店舗を展開してきた。お客様の必要とする物が1カ所で揃う「ワンストップホームセンター」としての独自性、優位性を武器に、北海道ナンバーワンのホームセンターを目指している。

店内に用意している商品は約16万点。お客様のあらゆるニーズに応えるため、種類・サイズなどあらゆるアイテムをバラエティー豊かに取り揃えた結果の数字だ。

それらの商品を広大な売り場面積を生かして秩序正しく分類した。

購入しやすい商品ディスプレイも心掛け、ショッピングを楽しんでもらうための配慮も欠かさない。

○オリジナル商品を求める人のために多彩なDIY商品を用意

価値観がどんどん多様化する中、オリジナリティーを求める人が増えている。この

ため資材、塗料、ガーデニンググッズなどあらゆるＤＩＹ商品や必要となる工具類も多彩に用意した。

オリジナルを追求する人、つくることを楽しみにする人のニーズに応えることもホームセンターの大切な役割だ。

○プロユースに対応した各資材、高品質アイテムも充実

一般の人はもちろん、専門業者も多数訪れる。これは木材、建材、鋼材などの資材関係、素材、部材をはじめとした商品をバラエティー豊かに用意し、品質の良いものを安く提供しているからこそである。専門家も納得の商品を取り揃え、プロの専門知識を持つスタッフがプロのお客様に対してもしっかり対応している。

○必要なものを、必要なだけ提供できる販売形態

お客様のニーズは人によっていろいろだ。その一人ひとりに満足してもらうためにさまざまな試みを行っている。

例えばネジ、ボルト、ナットなどのアイテムは必要なだけ購入できるように１本単

位のばら売りだ。砂利、土、肥料なども自由に欲しい量だけ購入できる「量り売り」や、商品の即日加工も行っている。効率のみを追求するのではなく、お客様のニーズを第一に考える。

○買い物しやすい環境づくりを

店舗の多彩な品揃えに合わせて買い物しやすい環境を整えることも大切だと考える。陳列棚を全体的に低くすることで、見渡しをよくしたり、選びやすい商品陳列をしたりしているのはそのためだ。

また、ペットを連れた人でも買い物ができるペット専用カートの設置や、車いすの方などのために通路幅を広くし、2階には、動く歩道と言えるオートレーンであがれるようにした。床の段差を少なくしたバリアフリー設計など、さまざまなお客様が快適に買い物を楽しめるように心掛けている。

○暮らしのヒントが盛りだくさんの実演会、相談会

商品の販売だけでなく、暮らしに役立つ知識や技術をテーマに、さまざまな実演会

や相談会を開いている。

ペットの飼い方、ＤＩＹ、ガーデニングなど、その数は年間３００件以上になる。商品を売って終わりではなく、その先の使い方までサポートする。すべてはお客様の満足のための取り組みだ。

超大型店は4店に

１号店の屯田店に続いて、２００３年（平成15年）10月に大曲店（北広島市大曲工業団地）、２０１０年（平成22年）7月に帯広店（帯広市東7南16）、２０１７年（平成29年）３月に大麻店（江別市大麻）がオープンした。

曲折はあっても、いまやグループの中核事業に成長した。２００５年（平成17年）3月期には親会社キムラの売上高を超え、２０１８年（平成30年）３月期は１９０億３８００万円に。キムラの売上高１２４億２００万円を大きく上回るまでになっている。

売り場面積はそれぞれ約2万平方メートルを超え、16万点以上の品揃えはどこも変わらない。他を圧倒する広大な売り場と豊富な品揃え。これがジョイフルエーケーの最大の魅力であり、北海道内の同業他社との明確な差別化でもある。

一方で近年、まとまった土地が見つけにくくなり、採算性のある立地場所を探すのが難しくなってきた。いくつかの自治体から「ぜひ、わがマチに」と、お誘いを受けることもあるのだが、そう簡単なことではない。

むろん、機会と条件が整えば、5番目、6番目の「生活創造母艦」を発進させたいし、出資してくれた2社と競合しない本州方面への店舗展開も、考えないわけではない。必ずチャンスは来ると思っている。

店内は六つのカテゴリー

屯田店オープンから16年が経過し、現在は4店舗とも、楽しく買い物をしてもらえるよう、生活館、インテリアセンター、ガーデンセンター、ペットワールド、リフォーム&エクステリアセンター、資材館の6つのカテゴリーに分けた売り場展開を行っている。

○生活館

ここは暮らしに必要なデイリーアイテムを網羅した、ホームセンターの中核エリアだ。日用品を始め家庭雑貨、カー用品、事務用品などのアイテムを安価で提供している。住まいと暮らしに関する商品のラインナップの充実が、自慢でもある。

○インテリアセンター

高品質にこだわるお客様にも納得してもらう商品を用意した。カーペット、カーテンなどはサイズ、色、柄を豊富に揃え、さらに部屋に合わせたカットなどの加工も行っている。

また、室内のイメージを左右する照明器具はどこにも負けない品揃えだし、いろいろな用途に合わせた収納用品も人気が高い。

○ガーデンセンター

ここには、土や肥料、苗木、鉢にいたるまで、ガーデニングに必要なものはすべて揃えたつもりだ。プロの来場が多いのも特徴だ。店内を彩るさまざまな植物は、ガーデニングファンにはたまらないエリアだといえる。実は、このエリアには私がタイで見つけた木製家具（いす、テーブル）を展示、販売している。重厚であるのと同時に、素朴な味わいのある家具だ。見つけてすぐ気に入り、その場で仕入れをすることを決めたのだ。木の肌触りを確かめてもらえれば、お客様にも気に入ってもらえるに違いない。

〇ペットワールド

ジョイフルエーケーの自慢のコーナーだ。テーマパークのように楽しめるペットの総合センターに仕立てた。犬、猫などの飼育に必要な品はもちろん、専門店並みのハイグレードのペットフード、おやつなどを豊富に取り揃えている。

〇リフォーム＆エクステリアセンター

門扉、物置や水回り用品から、大がかりな住宅設備まで豊富な品揃えを心掛けた。リフォームの相談や外構の設計、施工まで、トータルプランニングの提案も行っている。

ジョイフルエーケーの核になる生活館の売り場

多彩な品揃え、手ごろな価格の品が揃うインテリアセンター

ペットの総合センターとも言える、ペットワールド

プロにも満足してもらえる資材館

○資材館
木材、建材、鋼材が満載のエリアで、プロからＤＩＹファンまで幅広い用途に応える品揃えだ。一般のユーザーから要望が多い、注文に合わせた木材のカットも行っている。

育つ「フィロソフィー」

ジョイフルエーケー屯田店が開店してから12年たった２０１４年（平成26年）２月、社員全員に黒い表紙の小さな手帳を配った。

縦13センチ、横８センチ、39ページの小冊子は「ジョイフルエーケーフィロソフィー手帳」と題し、従業員に心得ておいてほしい考え方、お客様への接し方、ジョイフルエーケーの価値観などを示した。

私は、理想の経営者の一人として、京セラ創業者の稲盛和夫氏（１９３２年〜）に私淑している。その稲盛氏の著書に『京セラフィロソフィ』（２０１４年）がある。

戦後、京セラを設立し、世界的な企業に育て上げたことはもちろん、後にＫＤＤＩ、日本航空の経営で、非凡な情熱と、天才的な手腕を発揮した方だが、この著書の中で正しい決断を導く知恵、価値観、判断基準などを、私たちに具体的に示していただいたと思っている。

稲盛氏の著書は、社内の幹部研修、社員同士の討論の素材やテーマとしていつも使わせてもらっており、私や幹部社員が考案したこの「ジョイフルエーケーフィロソフィー」も、当然のことながら『京セラフィロソフィ』の影響が色濃く出ているといっていい。

むろん引き写し、焼き直しだけでは、キムラ、ジョイフルエーケーの個性は出ない。「らしさ」を織り込んで書き上げたのが、この手帳に収められた31カ条だといえる。

今でも全店朝礼の際、職場代表がその日の項目を読み上げ、全員で唱和し、代表が各項目の意義や読んだ感想を発表する。その後、職場長らがその感想などを講評するなど、生きたスタンダード（基準）として活躍している。

この唱和・感想発表・講評は、地味な作業だが、毎日の繰り返しで「フィロソフィー」の意味するところが少しずつ浸透してきたように思う。私たちもその内容を繰り返しかみしめている一方、従業員が唱和しやすいようにと内容や字句を何度も修正し、２０１７年（平成29年）には改訂版を全員に再配布した。

骨子は次の通りだ。

経営基本理念
「お客様の喜びが、私達の喜びです」
企業使命感
「北の住まいと暮らしに、新たな夢を提案します」

親会社のキムラのフィロソフィーは、経営基本理念が「〈社会への貢献〉〈企業の永続〉〈社員の幸せ〉の三つを調和させ、仕入れ先、お客様、キムラの三者が共に生成発展する三位一体の使命感経営を実践し続けます」となっていて、卸先、仕入れ先を念頭にフィロソフィーをつくったのに対し、ジョイフルエーケーのそれは、小売業の心構えを第一と考えて策定したといっていい。

フィロソフィーは屯田、大曲、大麻、帯広の各店で毎朝開く従業員の朝礼で、1日1ページ、1項目、例えば5日なら5番目のフィロソフィーをみんなで読み上げ、担当発表者が思いを話し、その項目の内容を何度も確認するのだ。

すべては紹介できないが、キムラからジョイフルエーケーに引き継がれた経営理念も多い。特色が出ているいくつかを説明しておこう。

「常に謙虚で素直な心で」

「謙虚にして驕らず」という言葉がある。世間では他人を押しのけてでも、という強引な人が成功すると思われがちだが、決してそうではない。成功する人とは、内に燃えるような情熱や闘魂を持っていながら、謙虚で控えめな人だ。だが、そんな人でさえ、成功し、高い地位につくと謙虚さを忘れ、傲慢になることがある。この言葉を心に深く刻み、生きて欲しいという願いを込めた。

「知識より体得を重視する」

「知っている」ことと、「できる」ということは全く別だ。本の上での知識や理屈と、実際に起こる現象とは違うのだ。経験に裏打ちされた、つまり体得したことによってしか、本物を得ることはできない。

実践を通じて理論を裏打ちすることが重要なのだ。このことは営業部門であれ、管理部門であれ、全く同じ。こうした実践のベースがあってこそ、初めて知識や理論が生きてくるのだと考える。

「一人ひとりがジョイフルエーケー」

私たちは、一人ひとりがジョイフルエーケーの社員であり、お客様は私たちのあいさつ、笑顔、接客態度、商品知識などのすべてが「ジョイフルエーケー社員の水準」と考える。だから私たちが、ジョイフルエーケーの看板と誇りを背負って仕事をしていることを、常に意識せねばならない。

お客様は私たちを頼り、期待もしている。そのことを常に意識し、「COOL JOYFUL」を実践していこうという決意を示した。

「モノ売りからコト売りへ、そして相談員へ」

企業使命感に「北の住まいと暮らしに、新たな夢を提案します」と掲げている以上、モノを並べて売るだけでなく、そこにはすべてに提案が入っていなければならない。

モノを売ることを通じて、気づき、発見、便利、ライフスタイルの変化などを感じ取り、生活創造の提案をすることが「コト売り」だと考えている。

一人ひとりが単なる販売員ではなく、「相談員」として知恵を使って新しい生活提案をすることが役割として求められている。

全員が信頼される相談員となって、結果として信頼される店になることができるのだ。

「スピードある決断・行動」

周りの環境は常にめまぐるしく変化している。その変化に柔軟に対応しなければ、マーケットの中で生き残っていくことはできない。

常にスピード感をもって判断、行動し、かつ実行していかねば、ニーズの変化に対応することはできない。従来から社内で言われている「今やる、すぐやる、できるまでやる」を実践し、スピードのある決断、行動が求められる。「早いものが、遅いものに勝つ」時代なのだ。

「お客様視点を貫き、効果を優先する」

ともすると、売る側は売り手の立場、都合を優先して商品を選び、並べてしまいがちだ。お客様の視線で店を見渡し、接客することでユーザーの欲しいもの、「コト」が見えてくる。お客様のかゆいところに手が届く売り場、店づくりを心がけねばならない。

手間ひまをかける、一見無駄に思えることでも、お客様のために行っていることは、必ず認められる。効率とは私たち一人ひとりの知恵と工夫なのだ。

「熱意をもって地味な努力を続ける」

地味な仕事を毎日やっていると飽きがくる。当然、いやになる。それを防ぎ、さらに地味な努力に加速度を付けていくには、「創意工夫」していくことが重要だ。

創意工夫というと、難しそうに思うが、今日より明日、明日より明後日と、必ず熱意をもって改良を加えることが大切だ。

「一日一日を超ど真剣に生きる」

人生、お一人様1回限り。一度きりの人生を真摯に「超」が付くほど真剣に生き抜いていく、そのたゆまぬ継続が人生を好転させ、気高い人格をつくり、生まれ持った魂を美しく磨き上げていく。

私たちが毎月読んでいる経営者向けの月刊誌「致知」（致知出版社）には超真剣に生きた多くの人々が登場する。「超」がつくほどの真剣な生き方は、そう簡単ではないが、その生き方を学び、人生を好転させて人格を高められるように努力してほしいという意味を込めた。「致知」は著名人の生き方を学ぶことで、経営者だけでなく社員、一般の人の生きる指針を示してくれる月刊誌で、社内教育、社内討議の素材として使っている。

さらに、ジョイフルエーケーフィロソフィー手帳は、最後に社員、幹部が行動する時に基準とする「指針」をそれぞれ示している。

行動指針8カ条

1、常に会社の理念・方針を理解し、行動します
2、何時も「キビキビ」「ハキハキ」「ニコニコ」でファン作りをします
3、ムダを排し、効率的にすばやく取り組みます
4、何かひとつプロになることに努めます
5、仲間・会社のためにも自己啓発し、成長します
6、報・連・相（報告、連絡、相談）を守ります
7、常に心身の健康を保ちます
8、「自己」「商品」「お客様の心」を知る社員となります

幹部の行動指針

1、幹部は会社の理念・方針を十分理解し、部下にも浸透させます
2、幹部はお客様のお役立ちを念じ、創意工夫し、効率的に取り組みます
3、幹部は常に問題意識を持ち、生産性を意識して改善します
4、幹部は私利私欲を捨て、部下の先頭に立ちます

5、　幹部は優れたリーダーシップを発揮し、スピードを持って行動します
6、　幹部は部下の声に耳を傾け、部下との目的の共有化を図ります
7、　幹部は部下の仕事の結果を正しく評価し、愛情を持って叱りそして褒めます

小売りからスタートし、住宅・建設関連資材の商社を経て、再び小売業に挑戦したジョイフルエーケーの始まりと現在を分かっていただけただろうか。

column 01

仏壇とトカゲ

北海道のホームセンター業界は、ジョイフルエーケー屯田店がオープンした段階で、すでに成熟期に入っていた。1980年代、90年代のような、店舗急増、右肩上がりの売り上げは簡単ではない。

後発のジョイフルエーケーも事情は同じだ。だから、売り場面積や品揃え以外にも、他の業者との差別化に知恵を絞らねばならない。そこで、私はいくつかの「目玉売り場」を考えた。

まずは、2013年（平成25年）に始めた「メモリアルギャラリー」だ。売り場の一角に、仏壇、仏具の専門コーナーを設けたのだ。おそらく、ホームセンターとしては初めての試みだったと思う。

仏壇、仏具の専門店は数多いが、私の印象では、抵抗なく入れる店は少ないと思う。そこで「日本一入りやすい親切な専門店」をキャッチフレーズに、気軽に立ち寄れるギャラリーを目指した。価格もセールの時はメーカー希望価格の50%引きから、最大70%引きをうたい、来館者の目を引くよう心掛けた。

ところが、ギャラリー開設後、間もなく仏壇の入荷が難しくなった。ホームセンターで仏壇を売ることを、快く思わない人たちがいたのだろう。だが、そんなことであきらめるようなヤワではない。

別の流通ルートから仕入れ、店頭にいつも豊富な仏壇を並べることはそう難しいことではなかった。長年商売に携わってきた経験上、必ず仕入れ先は見つかると確信していたし、実際その通りになったのだ。

時代を追うごとに仏間が消え、手狭になっていく日本の住宅、マンションは、新たに仏壇を置くには不向きだろう。だが、私の考えでは、先祖を敬い、手を合わせる習慣と、祈りの気持ちは衰えていないと思う。仏壇を身近なもの、手ごろな価格で買えるものと感じてもらえれば、たとえ小さな仏壇でも売れるに違いない。実際、荷動きも上々といっていい。

ただ、「うーん」となってしまうこともある。大麻店のギャラリーに、お寺の堂内で読経の時に鳴らす「磬子《けいす》」という打ちがねが置いてある。直径30センチほどの分厚い青銅製で、50万円という高額商品だ。

ギャラリーの担当者によると、2017年（平成29年）の開店以来、店頭に置いているが、来店客が時々、打ち鳴らして大きな音を出すことはあっても、売れたことはないという。確かに、これを買う人はいまだにいない。ただ、欲しいと思っているお客様はいるに違いない。

もう一つ、力を入れているのが、ペットと関連商品の販売だ。

ペットは、今や家族の一員。高級食材を使ったペットフードなど当たり前、今では年老いたペット用の介護用品まで至れり尽くせりの時代だ。

各店舗の「ペットワールド」は人気コーナーの一つで、犬、猫はもちろんウサギ、ハムスター、小鳥、昆虫や希少な熱帯魚など、親しみの持てる動物を展示するほか、関連商品の品揃えも他店に負けない。

そんな中、来店客も私も驚くのが「は虫類コーナー」だ。小さな檻の中に、緑やまだら模様のトカゲ、カメレオン、ヘビ、カメなどが静かに暮らし、飼い主が現れるのを待っている。

は虫類は、他のペットに比べると、マイナーな存在だが、専門誌が発行されるなど、根強い人気があるのだという。トカゲでは2000円ほどから数万円の「高級品」まで、十数種を揃えており、店内でも異色のコーナーになっている。私はあまり得手ではないが……。

ホームセンターのペットコーナーは、専門ショップがテナントとして入っているところが多い中、ジョイフルエーケーは、このコーナーを直営で運営、販売している。

豊富な種類の動物を、低価格で提供できるのも、直営なればこそだし、関連イベントもお客様本位で企画できる。夏には、犬、猫、小動物などと出会い、一緒に遊べる「北海道ペットフェスティバル」も開催しており、毎回、1万人の来場者があるほどの人気だ。資格のある従業員が、犬のトリミングをしたり、専用の「ペットホテル」を設けるなどしている。

毎月発行しているペット向けのイベントカレンダーもほぼ毎日、各種行事や講習会、サービスデーの予定で埋まる。「わんちゃんのお手入れ教室」「セキセイインコ・ヒナの飼い方講座」「小動物質問コーナー」「メダカすくい1回100円」「ペット大運動会」などだ。

さらに、ペットが安らかに眠れるよう、最期の別れをサポートする「訪問ペット葬儀」も提供している。家族同様のペットの死は、飼い主にとってつらいものだが、埋葬、葬儀となるととまどう人が多い。そこで、ジョイフルエーケーは移動火葬車を導入し、札幌市と近郊で永眠したペットを対象に、納棺、火葬、骨あげなど飼い主の希望に応じた葬儀を執り行い、飼い主に喜ばれている。

多様なペットの飼育、関連商品の販売など、これからもお客様の利用は確実に増える。そんな中、２０１７年（平成29年）12月には、ジョイフルエーケー初のペット専門店舗「ペットワールドＰＲＯＸ」を札幌市手稲区新発寒でオープンした。

02

商家に生まれ、家業を継ぐ

02 商家に生まれ、家業を継ぐ

商家の街並み

木村家のルーツは新潟県三条市にある。曾祖父の勇作が1884年（明治17年）に三条から札幌に渡り、石臼の賃挽きから身をおこして酒造業を営んだ。どんな家系だったか、どのような酒蔵だったか、詳しい資料は残っていないが、結構、繁盛していたと聞いている。今の「キムラ」グループの礎石となったのは、この初代だったといっていい。

祖父の又市が跡を継ぎ、手堅く家業を守っていたが、昭和期に入って環境ががらりと変わった。戦時中、国が企業の統廃合を進める中で廃業に追い込まれ、3代目になった父の正二は終戦後、一時酒販会社のサラリーマンをしていた。

そして、実質的なキムラ創業となる木村正二商店を1946年（昭和21年）5月に

2歳の時の私と母・元子

興した。札幌市の狸小路東端の小さな店だった。

4代目にあたる私は、1939年（昭和14年）1月14日、一男四女の長男として、現在の札幌市中央区南4条東3丁目で生まれた。私の名前の勇市は、曾祖父・勇作の「勇」と、祖父・又市の「市」を重ねて、父が命名したと聞いている。先々代、先代を敬う父の気持ちが表れているのではなかろうか。

酒造業こそ廃業していたが、家には酒蔵が残っていて、近隣は建具店、畳店、馬具店などが並んでいた。山鼻地区が文教地区、薄野が歓楽街なら、私の家の周りは商家、職人が住み、店を構えていた街だった。馬車、自転車や大八車が頻繁に行き交い、キック式エンジンのバタバタという音が絶えない、活気に満ちた場所だった。創成川から東にはあやしげな場所もあり、中通りに入ると客引きの姿もあった。

戦中の幼い頃は、防空壕に逃げ込んだ記憶があるぐらいで、物心がついたのは、終戦から戦後にかけての混乱期だ。

当時、どこでもそうだったように、私の家も貧しかった。そのころ登別市に母の親戚がいて、1年ほど預けられた覚えがある。母は私が喜んでいたと言うし、登別では楽しい思い出ばかりだが、今では食糧難時代の緊急避難だったのかもしれないと思っている。

小学校は、1945年（昭和20年）、家の近くにあった札幌市立東小学校（現・中央小）に入った。入学写真には帽子をかぶり、ランドセルを背負って写っているが、実は生家の2階に間借りしていた1年先輩から借りたものだった。1学年10学級で、1クラス60人ぐらいの児童がいた。学校での勉強や生活はあまり覚えていない。家からスキーを付けて大倉山ジャンプ場近くの荒井山に遠足で行ったことを覚えている程度だ。

その頃はどこの家も食べ物がなかった。私の家でも同じだ。祖父の又市が正直者で、金目のものを全部、軍に供出してしまい、2代にわたって築いた札幌市平岸の土地などのめぼしい資産も、戦後の農地改革で召し上げられたり、米に替わったりしてしまった。残ったのは生家とその裏にあった酒蔵ぐらいだったろうか。

戦中、その酒蔵は軍などが調達した米の集積場になっていた。祖父も父も真っ正直だったから、預かったままにしておいたが、終戦後、時々、近所の人がやってきて米俵に小さな穴を開け、1人1升ぐらいずつ持って行った。

終戦で持ち主が分からなくなった米だから、人の役にたって結構なことだ。ただ、父は一切、手を付けなかった。真っ正直とはこういうことなのか、と思っている。

覚えているのは、家にあったリヤカーを引いて豊平川の川岸や焼け跡に行き、鉄くず、雑品などを拾い集めて売ったり、近くの豆腐店からもらったおからをえさに、ウサギを繁殖させたりした。そのころウサギは、放っておいても穴を掘って自然に増えた。ウサギがいくらで売れたかは忘れたが、北海道大学の研究室が実験用として全部買ってくれたものだ。

戦後間もない、皆が貧しい時代。私に限らず、子供たちは一日中、真っ黒になって外を飛び回っていた。

また、家からタマネギをこっそり持ち出し、進駐軍に向かって「チェンジ、チェンジ！」と叫ぶ。米兵にとっても貴重な食料なので、ジープを止めて、チョコレートや缶詰を、先に回してくれた。

夏になると雑貨店でアイスキャンディー売りを手伝った。もらえるのはキャンディー1、2本だったが、甘いものに飢えていた時代に、あんなありがたい駄賃はなかった。戦後の新しい時代を迎えて、私はもちろん、家族や周りの人はみんな、生活は苦しくとも明るく、胸を張って暮らしていたように思う。

その頃から商才があったとか、商売に目覚めていたとは思わないが、先に書いたとおり生家の周りが商業と職人の街だったし、周りの学友たちも商人の子が多かったから、自然と身についたのかもしれない。

中学校は1951年（昭和26年）、一条中（現・中央中）に入学した。その頃には父が始めた狸小路の大工道具の小売店も軌道に乗り始めていたのだろう、暮らし向きも良くなり始めた。成績は小学校と同じく中の中ぐらい、得意科目も特になかった。

小、中学校時代で印象に残っているのは、私の家が近所の人の集まる場所になっていたことだ。学校の先生たちもよく来ていた。母・元子がたいへん面倒見がよくて、話が上手だったためだが、気前がいいというか、なけなしの食べ物を惜しげもなく出したので、喜ばれていたのだろう。家の中はとにかく、いつもにぎやかだった。

両親とも学業、進学のことはほとんど口にしなかった。中学卒業で就職するのは普通の時代だったから、学校を卒業すれば家業を継ぐに違いないと思っていたのだろう。

今にして思うと木村家の後継者としての教育だけはしっかり受けていた。つまり、私は「特別」だったのだ。戦後、教育はがらりと変わったのだろうが、木村家の価値観は変わらなかった。床柱を背負うところまではいかなかったが、食べ物も冠婚葬祭の席順も、父に次ぐ順番だった。

だから中学の時にはごく自然に、家を継ぐのだと思っていたし、抵抗感もなかった。熱心な日蓮宗の信者だった母の影響で一時、僧侶になりたいと考えたことがあったが、それが叶わないことも、また、分かっていた。

現在、キムラ社長の長男・勇介も、孫で勇介の長男・勇太朗も、キムラの後継者としての自覚を持つように育っており、2人ともその期待に応えてくれていると思う。

きかん気の高校時代

1954年（昭和29年）、札幌東高校に進み、1年から部活動にバドミントンを選

血気盛んだった高校時代。修学旅行では「用心棒」だった（左から３人目）

んだ。当時は人気のない競技だったが、叔父が国体の選手で活躍していたのを知っていたからだ。だから、私の家にもバドミントンの仲間がよく遊びに来た。

だが、2年生の後半に先輩、卒業生との試合があった時、どう見てもジャッジが不公平な場面が何度もあった。「おかしいじゃないか」。先輩たちに食ってかかったが、無視され、私はふてくされて帰ってしまった。そのまま練習に行かずにいると、今度は部長たちが「練習に出て来い」という。大会が近いのに選手の数が足りず、頭数を揃えるため、私を脅して連れ戻そうというのだ。

マネジャーや応援団長も加わって、私を体育器具室に呼び出した。私は不公平が許せず、あくまで拒否した。結局、袋だたきに遭ったが、それでも納得がいかないから、大会には行かなかった。今にして思えば些細なことかもしれないが、その当時はどうしても許すことができなかったのだ。

しばらくして映画館で、卒業する生徒のための映画鑑賞会があった。私は同じような目にあった友人と示し合わせて「報復」を狙ったが、先生たちは仕返しの企てを知っていたようで、卒業生がいる2階への階段に陣取っていた。私たちは見事にガードされ、目的は果たせなかった。

その後、私を殴った先輩が札幌市内のデパートに就職し、ネクタイ売り場にいることを知った。そこで今度は一人で売り場に乗り込んでいった。今度こそ決着をつけるつもりだったのだ。

だが、その先輩は震え上がって出てこない。こんな弱虫だったのか、仕返ししても意味がないと、何もせずそのまま帰ってしまった。人は徒党を組むと威勢がいいが、一人になると弱いのだなあと、感じたものだった。

高校2年の修学旅行は京都、大阪方面だった。新幹線や空路がない時代、東京経由で列車の車中2泊を含め、5泊6日の大遠征だ。

ところが、先生が私と仲間に変な役目を言いつけた。「旅先で女性を守る班」という、用心棒のような、何をしていいのか分からない役回りだ。そして、なぜか私が班長。高校時代、私は不良ではなかったが、やんちゃできかん気なところがあった。何か役目を与えておかないと何をされるか分からないと、煙たがられたためだろう。

旅先で特に何かした記憶もなく、当然、特別なことも起きなかった。無事に役目を果たしたということだろうか。

商都・大阪へ

大学進学か、卒業してすぐに家業に就くか。先輩とけんかしてバドミントン部を辞めた高校2年の後期になって、初めて真剣に考えた。父からは商人の子だから大学に行く必要はないと言われた。浪人など許されない時代だし、予備校もまだ一般的なものではなかった。

もちろん、家業を継ぐ覚悟はできていた。周囲の期待も肌で感じていたが、大学という場で視野を広げてからでもいいのではないか。そう考えて、進学を決め、本気で受験勉強を始めた。

母は、夜中に温かい紅茶やココアを運んでくれたりして応援してくれた。大阪に叔父がいたため、父が「大阪の大学なら」という条件を付けたので、関西大学の受験を決めた。

学部は将来を見越して商学部にした。受験のため、入試の3日前に大阪の叔父、叔母宅に着いたが、無理な受験勉強がたたったのか肺炎にかかり、完治しないままという最悪の体調だった。

叔母の好意で、近くに住んでいた大阪市立大の医学生が、体調監視と英語の家庭教師役を務めてくれたが、2、3日でどうなるわけでもなかろう。入試当日は、叔母が会場まで付いてきてくれたが、体調がすぐれず、3教科とも途中退席だった。どうして受かったのか、今でも不思議だ。

実は、東京へのあこがれも強く、担任の先生と相談して父には内緒で立教大、明治大にも願書を出していた。日本一の大都会で自分の見識を高めたかったのだ。だが、夢は実現できなかった。関西大の入試日程が早かったのと、体調が悪かったため、たまたま大阪に出張で来ていた父と共に、そのまま札幌に引き上げてしまった。結局、立教、明治の受験は叶わなかった。

「中の中」

小学校から高校まで、学校の成績は文字通りの「中の中」だった。私が高校3年の時の「調査書」が残っている。内容を見てみると、まず1年の国語甲（現代文）は「読解3」、「理解鑑賞4」、「話す表現3」などとなっている。2年では理解鑑賞を含めてすべて「3」に。評価方法が変わった3年は「4」の評価だった。5段階評価でおおむね「3」ということだろう。

社会科は1年の一般社会が「知識理解4」、「批判的思考3」「公民的態度3」。2年の日本史は「4」、3年の世界史「4」などとなっていた。それぞれ何を評価したものか、今となっては分からないが、これも中庸のうちだろう。

また、数学は1年から3年まで解析、幾何とも「理解3」、理科が生物「3」、化学「4」、地学「3」など。

芸術系では音楽が「理解」「鑑賞」「演奏」がいずれも「5」の評価で、ごく平均的な調査書の中では目立っていた。そのほか、書道、体育はおおむね「4」。

英語に至っては1年から3年まで「読解」「語法」「作文」「聞き方」すべてに「3」

が並んでいる。

音楽以外は、可もなく不可もなくといったところだろうか。ただ、「成績段階」はA段階（402人中、上位80人）とあった。

「行動特徴」の欄には「人に接して明るみを失わず、良識ある行動をとり、親切で、運動神経が発達し、動作が敏捷である」と記入してある。

さらに「総合所見」として「温順、誠実、陰ひなたなく、責任感が強いので級友の信望を受けている。自分の考えは曲げることなく、その理解に努める」となっている。

入学選抜の参考にする内申書にあたる書類だけに、下駄を履かせてもらったのだろう、面はゆいほめ言葉も混じっているが、今となってはどう読み解いていいのか、分からない評価ではある。

応援団で人づくり学ぶ

今でこそ、北海道から関西大を志願する人は珍しくないが、入学した1957年（昭和32年）当時は数えるほどだったと思う。卒業後、札幌で関西大卒業生の北海道人会を組織しようとしたが、数年かかってやっと10人ほどだった。

関西大応援団で、交流行事の晴れ舞台に立つ（右）

友人や知人がいないので、大学に入ってまず、部活動をどこにするかを考えた。高校時代にやっていたバドミントンか空手はどうだろうかと思い、体育館に練習を見に行った。

だが、正直、話にならないぐらい高いレベルだった。大学でスポーツをすることを目標にしていた学生と比べれば、心技体とも大人と子供の差と感じたのは、当然のことだろう。

関西大は今もスポーツは強いが、当時は野球部に投手・村山実（後の阪神）、捕手・上田利治（阪急など）がいた全盛時代。各部とも大学スポーツ界の強豪揃いだった。そんな部に入ったらつぶされていただろう。

そこで応援団を選んだ。高校時代、応援団長に殴られたことはすでに書いたが、いったいどんな活動をするのか、関心はあった。

もう一つ、小学6年の時、全児童が参加する全校朝礼という行事があったが、私はみんなの前で号令をかけるリーダーを務めた。だが、そこでうまくしゃべることができず、それ以来、吃音が残ってしまった。

直すには、もっと人前に出る機会を増やすべきだ、自分に足りないものを補ってくれるのではないか、と考えたのが応援団志願の理由だと言っていい。

関西大の応援団は、応援の指揮を執るリーダー部、応援旗を掲げたりする親衛隊、応援曲を演奏する吹奏楽部の3部があり、私は吹奏楽部に入った。

楽器など経験したこともないし、ほかのメンバーは高校から楽器を持っていた連中ばかり。私はクラリネットを持つことにした。一番軽くて小さい楽器だったからだ。

だが、経験もないのだから、末席の第3クラリネットという役目が割り当てられた。3年間、メロディーは吹かせてもらえず、「ウンパ、ウンパ」のリズムばかりで、結局、モノにならなかった。

今でこそ、チアリーダー、女子奏者など華やかさが売りの応援団だが、当時は100人の団員全員が男子。なんともむさ苦しい集団だった。しかも100パーセント理不尽が支配する世界だった。

1学年50~60人は入部するが、1年次の最初の合宿で生き残るのは1、2割だった。質のよくない酒を飲まされ、夜11時ごろにはふらふらになって布団に入るのだが、それからがひどい。

真夜中に「ピー」と笛が鳴ると、5分以内に宿舎の外に整列しなければならなかった。同じ班の1人が遅れたら連帯責任と称して、全員が走らされる。点呼の声が聞こえないと鉄拳が飛んできた。今の若い人には想像できないだろう。ただ、体育会系の学生は、忍耐強く、根は優しい人ばかりだったと思う。

体育会の部が負けると「応援の仕方がなってないからだ」と、いわれのない先輩の鉄拳が飛ぶ。殴られるのがいやだから、我々は選手たちを脅し、相手をののしり倒す。野球のスライディングなら、相手を「蹴飛ばせ!」だったし、ボクシングに至っては「殺せ!」の合唱が始まる。

半世紀以上前の話だから、今の基準で判断しないでほしいが、それでもバンカラの極み、柄の悪い集団だったと思う。

4年に上がった時、応援団の副団長に選ばれた。吹奏楽部のトップであり、応援団全体の運営、他大学との交渉など、団長代行のような役回りを担うことになった。

その頃の応援団は、1〜3年生は下宿代以外の食費、酒代を4年生が全部出してくれる風習だった。

確かに、私も朝、昼食に1杯10円の素うどんを学生食堂で食べるぐらいで、着るものは学生服だけで金はかけた覚えはなかったが、飲み代は先輩のおごりに頼っていたのは間違いない。

しかし、今度は私が後輩の面倒を見る番になった。自宅であれば後輩を連れてきて飲み食いさせればいいが、下宿暮らしではそうはいかない。どぶろくとホルモン程度の飲食だが、ほかの大学の応援団員までやってきて「ごっつぁん」だから、金はいくらあっても足りなかった。

札幌からの仕送りは毎月1万円ほど。当時、会社の新入社員の月給と同じぐらいだから、金銭的には恵まれていたと思う。それでも、4年になる前にせっせと金を貯め込み、3年分の蓄えを4年生1年間で全部はき出さねばならなかった。

貯金だけでは足りない。アルバイトで不足分を補わなければならない。先輩から代々引き継がれていた大阪の某デパートが「職場」だった。売り場を一括で請け負ったので包装、熨斗付け、売り子、クレーム処理まで作業は何でもこなせた。

私は食品売り場に立つことが多かったが、勤務表を見ると休憩時間や、休みの日も「徹夜勤務」に化けていて驚いた。仲間が勤務表をごまかしていたのだ。

アルバイト代が懐に入ることはありがたいのだが、余分に付いたアルバイト代は演奏旅行の経費名目で吸い上げられ、結局、私の手元には届いたことはなかった。

渡り鳥暮らし

私は4年になると同時に、住み慣れた下宿を引き払ってしまった。

炊飯器や、家財道具一式は後輩や仲間に分け、ボストンバッグ一つに着替え等を詰め込んで、先輩たちの家を転々とする「放浪生活」に切り替えたのだ。数カ月間、書生のように、しばらく居候させてもらったこともあった。

知人の紹介で、旦那が海外に赴任中で、母と娘2人の家の離れに、用心棒代わりとしてしばらく住んだりもした。

「渡り鳥」になった理由は二つあった。一つは、先に書いた吃音を直すためだった。帰る当てがない状況に自分を追い込んで、社会に出る前に何とか直したかった。今もわずかに吃音が残っているが、この1年間でだいぶ改善したと思う。

もう一つは体育会の先輩、同僚と交わる機会を増やしたいと考えたからだ。だが、先輩、同僚の家や下宿を渡り歩くのには、こつが必要なのだ。迷惑がられたらおしまいで「また来い」「今度はいつ来るのだ」と言わせて自分の宿泊カレンダーを埋めていかなければならない。

だから面白い話を繰り出し、相手や家族を飽きさせないよう、話に引き込むよう工夫しないと渡り鳥にはなれない。決して得手ではない人付き合いをせざるを得ない環境に、自分を追い込んだと言っていい。

当時、人気が出始めた吉本興業の舞台を見て、人を笑わせる技をつかもうと、大阪の難波や梅田にあった花月劇場に足を運んだこともあった。何をしたら喜んでくれるか、どうすればもう一度訪ねて行けるかなど、今の商売に通じる何かを学んだと思っている。

1961年（昭和36年）、卒業式を終えた3月、学生最後の帰省の時に、大阪駅に応援団をはじめ、野球、ボクシングなど体育会系の幹部が大勢、見送りに来てくれた。駅頭に整列して、今で言う「サプライズ」のように私を驚かせ、見送ってくれる予定だったのだ。

私が乗る予定だった日本海回りの特急「日本海」は大阪を夜の11時ごろ出発する。ところが、私はそんなこととは知らず、私を可愛がってくれた先輩の元ヨット部長の実家で酒を飲んでいた。場所は京都だ。酔いつぶれて帰してもらえず、汽車に間に合わないまま、帰省は延期。結局、駅頭に来てくれたみんなを、待ちぼうけさせてしまった。

応援団の4年間は、終始、縁の下の力持ちだったといっていい。他の学生や試合の応援のために、朝5時と言えば部員100人が、1分も遅れることなく、決められた場所に集まる。交通の便も今ほど楽ではない。野宿したり、前の日から知り合いの家に泊まったりなど、あの手、この手で定刻の集合を果たしたものだ。

仲間たちが私のために一度のチャンスと思って、遠くから苦労して集まってくれたのに、好意を無にしてしまった。いま思っても申し訳なく、残念でならない。

後日談になるが、1971年（昭和46年）から40年間、関西大学校友会の北海道支部長を務めた。応援団の先輩から「君がやれ！」の一言で決まったのだ。最初は義務感で引き受けたのだが、年に1回の支部総会・懇親会には20〜30人の懐かしい顔が揃う。

支部長の引き受け手がなかなか見つからないという事情もあったが、同じ学び舎に集った仲間が、楽しく語り合う場だけに、ついつい支部長の座に長居してしまったのかもしれない。

私に支部長を命じた先輩は、その後、関西大の理事長を6年間務め、2011年（平成23年）に退任した。私も潮時と考え、同じ時に退任させてもらったが、今も都合がつく限り、顔を出すようにしている。

「丁稚」で修業

1961年（昭和36年）、関西大卒業と同時に大阪市の金物問屋「黒田商店」に住み込みで勤め始めた。本社があった西区は、大阪の中心部に近く、当時は金物関連の小売業、卸売業、メーカーが集中しており、中央区の道頓堀、心斎橋と合わせて一大金物団地のような地域だった。

大阪・黒田商店の社内レクに参加した修業時代（中央）

黒田商店は、大阪と北海道が商圏で、北海道では蝶番《ちょうつがい》、鍵、建物用のレール、取っ手などを販売しており、父・正二が札幌で経営していた金物店の仕入れ先の一つでもあった。

私はすでに、木村家のあとを継ぐ決意はできており、父が黒田商店の社長に掛け合ってしばらく修業兼見習いとして勤めることになったのだ。父の口から理由を聞いたことはなかったが、一から苦労してみろ、ということだったのだろう。

卸問屋とはいえ、全社員10人ほどの小さな会社だ。年季奉公で雑用をやらせる「丁稚奉公」の制度は姿を消しつつあったが、その頃の会社には、まだ住み込みの小僧さんがいた。

私より年下だったが、入社が1年違えば天国と地獄。大卒ながら、私は社歴が一番下。風呂では小僧さんの背中を流すのがしきたりだった。

当時、倉庫の上の6畳間に3段ベッドを3台置いたぎちぎちの宿舎に入っていたのだが、新入りだけに寝心地が悪い一番上の段をあてがわれた。その6畳間は、夏はとんでもなく暑かった。耐えかねて、外で寝ようと公園のベンチや芝生で横になった。確かに涼しかったが、体中、蚊に刺されて、これも我慢ならなかった。

荷台に積んだ金属製の6尺（約1・8メートル）レールを、「縛り方が悪い」の一言で、縛っていた縄をプツンと切られたことはあった。だが、ひどい嫌がらせやいじめを受けたという記憶はない。わざわざ北海道から大阪商法を身につけるために来ているのだからと、ずいぶん可愛がってもらったといっていい。

会社の食事は給仕のおばさんが毎朝、箱膳で用意してくれたが、ご飯、味噌汁、漬け物の質素な中身。ちょうど高度成長時代の入り口だったこともあり、月給は1万円ほどと、まあまあの金額だった。昼、夜の食事代には苦労しなかったが、最初にもらった給料で小僧さんたちにごちそうする習慣など、いまでは考えられないほど厳しい上下関係があったものだ。

仕事は、初めは営業マンが乗る自転車、小型バイクの手入れだった。作業ズボンにベルト代わりの縄を締めて汗だくになって車体を磨いていた。大阪にいた叔父にはとても見せられない姿だった。だが、応援団に比べれば楽なものだと思った。

すぐにホンダの50ccのバイク1台をあてがわれ、営業に出ることになった。目標は黒田商店ナンバーワンの営業マンだと、胸を高鳴らせた。

ただ、営業といっても先輩から30分間だけ名刺の出し方などを教えてもらっただけ。あとは金物の小売店の名簿を頼りにした、「飛び込み営業」の日々が始まった。これといったオリジナル商品はなく、自分を売り込むことだけが新規開拓の手法だった。

朝、会社を出る前に目星を付けた小売店に電話を入れて、注文を聞き、あればバイクに積んで店に向かう。荷台に50キロ、長さ約2メートルの商品まで積めたことを覚えている。

私の受け持ちは、大阪府の豊中、兵庫県の伊丹、宝塚、西宮など会社の北西部だった。その地域を任せられたというのではなく、ほかの営業マンが行かない「空白地帯」が自分に回ってきただけの話だった。

たいへんだったのは雨の日だ。バイクだと雨粒が当たって顔が痛くなるし、視界が悪くて橋の欄干にぶつかったこともある。しかし、仕事が辛いと思ったことはなく、自分で行動計画をつくり、新しいことにチャレンジできることに、面白みさえ感じていた。

その頃学んだ営業のコツがある。まず、得意先1軒につき1度は昼食をごちそうになることを目標にした。相手の懐に飛び込み、親しくなることでもある。

そのために営業に行くと「トイレを貸してください」と家に上がり込み、あえて雨の日を選んでびしょびしょになって「まあ、上がっていけ」と言ってもらう。そうして仲良くなって営業マンとして認めてもらうのだ。

営業に行った西宮市のある取引先では、名刺を5回、破られた。私もあきらめない。「どうぞ、破ってください」といって名刺を差し出すと、相手もびっくりする。最後には私の粘りに根負けしたのか、上得意になって、品物の卸値から、数量まで一切を任せてくれた。破られた名刺の数だけ、信頼を勝ち取ったのだろうと思っている。

数十年後の話になるが、証券会社の営業マンが私のところに来た。大学の後輩ではあったが、私は、株は得手ではなく、色よい返事をしなかった。ところが、ある雪の日、朝7時半の出社時間に、かばん片手にコートも着ないで、会社の前で私を待ち受けていた。

大阪時代の自分の姿と同じではないか、と感慨深く思い、早々に部屋に上げた。私個人の取引口座を開いたのは言うまでもない。自分の分だけなら多少損をしてもいいかな、と思わせるほどの迫力を感じたのだ。

次に、会社が全く手を付けていなかった木材店に営業攻勢をかけた。私は「黒田商店　化成品課」という肩書の名刺を持っていたが、課長はおらず課員は平社員の私1人だけだった。

それだけ自由がきいたのだが、木材店に金物店が行っても相手にしてもらえなかった時代だ。住宅ブームのはしりの時期だっただけに、金物や木材とのマッチングが期待されていたプラスチック製の波板、フェンス、雨樋などを納めることができた。

商売の厳しさを目の当たりにしたこともあった。ある日、他の営業マンが担当する金物店が倒産した。私は応援に駆り出され、直ちに担当者や数社の問屋と一緒に店の中に入った。商品はもちろん、まだ温かいご飯の入った釜まで引き揚げるという、厳しい現実を体験することになった。

商売する者にとって倒産がいかに惨めで、人に迷惑をかけるものかを思い知った出来事でもあった。

愉快な思い出も一つ紹介しておこう。会社のすぐ近くの歯科医と何度か顔を合わせているうちに、すっかり気に入られた。すると時々、「金歯が入ったぞ」という連絡が来る。当時、患者に金歯を入れると、それなりの金が入ったらしく、電話の声も弾んでいた。要は、近くの道頓堀のクラブに一緒に繰り出そうというわけだ。

太鼓持ちをしたわけではないが、大学の応援団で培った「営業力」と相手を楽しくさせる会話術、ムード作りが気に入られたに違いない。おかげで月に数回は楽しい息抜きができた。

キムラのルーツを胸に

黒田商店に勤めて2年が過ぎたころ、父・正二の体調が思わしくないとの知らせが入り、札幌に戻ることになった。あと数年はいるだろうと思っていたし、会社一番の営業マンになるという目標は、まだ達成できていなかった。

だが、2年間の勤務で問屋業務の基礎、大阪商法の合理性だけでなく、人に使われる立場などを学ぶことができた。

数年前、古い写真や資料を整理していたら、見たことのない、古い手紙が出てきた。黒田商店の大将から、父・正二に宛てたもので、「ご子息に大阪商人のど根性を仕込んでおりますが、同僚の中でも特に頑張っているので、ご心配なきように」という内容だった。修業の2年は決して長い期間ではない。だが、手紙にもあるように、「大阪商人のど根性」を垣間見た時間でもあった。同時に、いつも無口で、私をどう思っているのか、はっきりしない父・正二が、陰では私を気にかけていてくれたのだと、あらためて思い起こしている。

学生時代を含め、満6年の大阪暮らしだった。帰る前、1カ月は会社の仕事仲間、学生時代の友人、取引先など多くの人たちが送別会を開いてくれた。ほぼ休みなしの宴に、正直、辟易してしまったが、大学応援団と営業マンの勤務を通じて身につけた、「すすめられた酒は断ってはならない」という教えを守り、体調不良にもかかわらず飲み続けた。

飲む量は「横綱級」といわれたが、実は、酒は体に合わない。札幌に戻ってから半年ほどは「私は飲めないんです」で押し通した。飲まなくてすんで、本当にうれしかったものだ。

ところが半年後、黒田商店時代の仲間が札幌に来た。彼らをススキノのキャバレーに案内したまではよかったが、そこでビールを1杯飲んだ途端、具合が悪くなり、体の震えが止まらなくなってしまった。全く飲まないというのもいかがなものか。横綱級から断酒という極端な行動を反省し、適度におつきあいするすべを学ぼうと思った。

それから50年以上たった今、まだまだ元気で健康なつもりではあるが、酒宴は焼酎の水割り1杯をいただいた後は、水だけのおつきあいにしている。朝が早い私には深夜は魔の時間だ。年齢とともに夜の飲食が負担になり、7、8年前からは失礼とは思いながらも、2次会は欠席し、夜8時帰宅、9時就寝という規則的な生活を送っている。

木村家3代

札幌に帰り、家業を継いでからのことを書く前に、キムラを築き上げた木村家についてもう一度、触れておきたい。

新潟県三条市から1884年（明治17年）に北海道に渡った曾祖父・勇作は、牛馬に代わって石臼をひくなど過酷な労働に耐えて、事業資金を作り、1892年（明治25年）には、札幌で酒蔵を経営するほど成功していたという。

正確な記録は残っていないが、銘柄は「勇駒」「富士の白雪」といったらしく、看板と酒樽が残っていた。併せて米穀・荒物商も営んでいたという。

勇作は商才があり、行動力に優れていたのだろう。事業家としての信用がそのままキムラ、ジョイフルエーケーの土台となったのは間違いない。

2代目の祖父・又市はやや運がなかったのかもしれない。父親の事業を継承、守りに徹したが、世界大恐慌、第2次大戦という荒波にもまれ、今の札幌駅前や平岸にあった不動産、山林も家族の暮らしのために手放さざるを得なかったのだ。

又市は信用第一で、生真面目。賭け事や遊びにも手を出さない人物だった。だから、戦時色が濃くなったころ、軍からの供出命令にも素直に応じ、米にさえ事欠く時期が続いた。時節柄、法の網さえくぐれば、酒や食糧で儲けるチャンスは少なからずあったようだが、「曲がったことをしない商家『カネキ』（キムラの屋号）」の誇りを守り続けたといっていい。

3代目が私の父・正二（1913～74年）だ。父は11人きょうだいの長男に産まれたが、小さい頃、食糧難だったためか、三条市の叔母の家に預けられ、そこで三条商工学校（現・三条商業高校）卒業まで育てられた。

卒業後、札幌に戻り、家業の酒造業を手伝っていたが、父母、大勢の弟、妹や妻子を養うのが難しく、戦後間もない1946年（昭和21年）5月21日、金物店「木村正二商店」を創業した。

これが今のキムラ、ジョイフルエーケーの出発点であり、戦後の歴史がそのままキムラの歴史と重なる原点にもなる。

父は頑固な一面もあり、旧陸軍の招集で、1943年（昭和18年）に第七師団（旭川）に配属されたとき、上官に敬礼をしないかどで、何度も営倉に放り込まれたらしい。後日、聞くと「敬礼などできるか！」と強がっていたが、当時としてはたいへんな「暴挙」だった。本当の話だったのか、知るよしもないが、「だから万年二等兵だった」と言っていたことを覚えている。

父は、結婚するまでバイクに乗るのが趣味で、サイドカーを付けて走り回っていた

れな面もあった。

という。また、当時流行したビリヤードにも手を染めていた。そんなモダンでおしゃ

戸板2枚分の出発

父・正二が創業した「木村正二商店」は、札幌市の狸小路1丁目の角地にあった。今の狸小路アーケード街の最東端の一等地で、創成川沿いには闇市がひしめいていた。北向きの間口4間の店舗のうち2間分、4坪を、家主の好意もあって、格安で借りての店開きだった。開店資金は、酒販会社を辞めた時の退職金459円を充てた。従業員は父と親戚ら5人。売り物は金物、大工道具などだ。

店と言っても、実際には店先からはずした戸板2枚を、リンゴ箱の上に置いて、その上に握りばさみ、洋ばさみ、包丁など13点の商品を並べただけの構えだった。簡素と言えば簡素、粗末と言えば粗末なものだ。

終戦から間もない復興期だったこともあり、扱っていた大工道具、金物を含めて、物不足が蔓延していた。物があれば売れた時代だったが、その売る物がない。商人にとってこれほどわびしいものはなかっただろう。店の看板には、金物店と銘打ってい

開店２年目の1947年にイベントに出店した木村正二商店

1958年ごろの狸小路１丁目界隈。左端に「木村金物店」の看板が見える

たが、真綿でできたチョッキを新潟から仕入れて売ったりした。金物店が衣料品店に変わることもしばしばだった。

父が高校まで暮らした三条市は、隣の燕市とともに金物、金属加工が盛んな工業都市として知られているが、開店後しばらくして、三条市の友人が大工道具や金物を、鉄道の貨車1台分ドンと送ってくれた。しかも「代金は品物が売れてからでいいよ」というありがたい申し出まで添えられていた。初代からつながる故郷との絆が、戦後の木村家の出発を後押ししてくれたといえる。

当時の仕入れ価格の記録が残っている。それを見ると、ステンレス包丁10円、ラシャ切りばさみ60円、握りばさみ4円40銭などだ。当時は電力不足が解消できず、狸小路でもほとんどの店がアセチレンランプやバッテリーを使っていた。また、家庭用の灯油ランプがよく売れたのもこの頃だ。

だが、店舗が狭く、買い物客相手の店頭販売は限界に達していた。「待ちの商売ではだめだ」と、父は出張販売にも力を入れ始めた。

開店翌年の1947年（昭和22年）頃である。社員5人のうち、3人を道内各地に出張させて各地の得意先のニーズに合わせて販売し、全道への販売基盤の基礎を築いていった。

販売先は国鉄、道内各地の農・漁協、炭鉱などに広がった。

出張販売の最初は千歳だった。当時、千歳には米軍が駐留しており、米兵相手の店舗建築が盛んだった。リュックに大工道具を詰め込み、工事現場で広げて現金販売するのだ。

1948年（昭和23年）には出張販売が本格化し、小樽方面の南小樽、祝津、高島にあった造船所の船大工相手に、玄能《げんのう》、のみ、まさかりなどの大工道具を売り歩いた。当時の営業マンは数十キロはあるリュックを背負い、祝津からきつい峠を歩いて行き来した。各地にあった炭鉱では、坑道を支える坑木用のノコギリがよく売れたという。

周囲にあった規模の大きい店舗に太刀打ちするのが難しかった、という事情もあったが、外販に活路を求める社の伝統はこの時に培われたといっていい。一時は青森まで行商に出ることもあったという。戦後の復興と歩調を合わせ、売り上げを少しずつ伸ばしていったのが、この時期だった。

少し後の資料になるが、私の叔父で、草創・成長期に営業、外販の先頭に立っていた木村実（元監査役）の1960年代のある年6月の出張記録を掲載しておく。現在の基準、感覚では理解できないであろう強行軍だが、全道に商圏を広げようとしていた時代の熱気が伝わってくるのではないか。

付け加えておくと、例えば「7日根室、8日釧路」となっているが、これは、必ずしも根室か釧路でホテル、旅館に泊まったという意味ではない。記録には残っていないが、どちらかの町の駅のホームで一夜を明かしたことも少なくなかったのだ。

月日	出張先
6月1日（火）	函館、森
2日（水）	八雲、長万部
3日（木）	今金
4日（金）	小樽、余市
7日（月）	根室
8日（火）	釧路

9日（水）　釧路
10日（木）　池田、足寄
11日（金）　帯広
12日（土）　芽室

14日（月）　夕張、栗山
15日（火）　長沼、由仁
16日（水）　様似
17日（木）　浦河、静内
18日（金）　鵡川、富川（日高町）

21日（月）　室蘭、伊達
22日（火）　幌別（登別市）、白老
24日（木）　苫小牧
25日（金）　千歳、恵庭

29日（火）　当別、月形

法人化へ

1951年（昭和26年）1月、父は個人商店だった経営から、法人化に踏み切った。その背景には、当時の税務調査に対する不公平感と節税策があったようだ。父は関連の同業者組合などには一切、加盟していなかった。そのためか、創業翌年の1947年（昭和22年）には、早くも税務調査が入り、売り場が木村正二商店の5倍はある組合加盟の同業者の4倍もの税を納めたという。

無一文からスタートし、人もいない、売る先も、売る物もないという中で利益を積み上げてきたのに、同業者より厳しい税務調査と課税に頭を痛めていたのは間違いない。

父を知る人は、「税金のために働く」「どんなにつらい思いをして稼いでいるのか、税務署は分かっているのか。また稼ぐしかない」というぼやきを何度も聞かされたという。

設立したのは「株式会社木村金物店」。本社は、私の生家だった中央区南4条東3丁目に置いた。資本金60万円で、父が社長を務め、総勢6人。他の店や会社と平等に

1955年ごろの木村金物店事務所。雑然としてはいるが活力があった
（左から2人目が木村正二社長）

なりたいという思いでスタートした、小さな会社だった。

当時の記録を見ると、個人から会社に引き継いだ固定資産は、什器、備品類、自転車2台、ガラス製の陳列ケースなど計1万5900円、在庫商品222万円。当時の売掛金の残高明細によると、取引先として造船所関係30社、家具・建具店16社が記載されているが、ほとんどが不良債権だったという。

この年の木村金物店の第1期決算は11月に行われ、営業期間11カ月で売上高1200万円を計上した。設立の手続き書類、決算書、帳簿類は、すべて父が一人で作成したものだった。

「優良申告法人」表彰という制度がある。国税局の税務調査で経理、納税に問題がなく、一定額以上の税金を納めている企業を顕彰するのが主旨だ。木村金物店は、この制度がスタートした１９６６年（昭和41年）に優良法人表彰の第1号になった。以後、株式を店頭公開した１９９５年（平成7年）までの30年間、5年ごとにある税務調査の度に、連続して表彰を受けた。

これも、父が口癖のように行っていた「税金をごまかすのに苦心するより、税金分を稼げ」という正直さと、商人の意地の現れであり、その後も社風として引き継がれていったのだと思う。

キムラ入社、小売業廃止

私が木村金物店に入社したのは、１９６３年（昭和38年）1月だった。私が入社する前には、会社は職人の間では大工道具店として、名の通った店になっていた。「売れる店を創る」という父の方針に沿って、商品の種類、数量を増やし、小売部門は成熟し、基盤は固まっていた時期だった。

卸部門はどうだったか。道内の業者に建築金物の卸売りを始めた１９５５年（昭和

30年）の決算は2435万円の売上高に対し、貸し倒れが56万円発生するなど、まだ「発展途上」の授業料を払っていた時代だった。

しかし、大阪の問屋で2年間経験した大阪商法の感覚から言えば、北海道の卸売マーケットは、まだ開拓されていない、宝の山に見えた。

私が木村金物店に戻り、最初に手がけたのは、小売部門を閉鎖して、卸売専業に業態を変えることだった。

狸小路の小売店はそれなりに売り上げがあったが、叔父で小売担当の木村実に聞くと「あまり儲からない」という。店頭販売、地方への出張販売だけでは限界が見え始めた時期だったこともあり、早々に決意したのだった。

ここを転換点に、会社の方向は「大量仕入れ、大量販売」の卸売専業を目指すことになった。

父は最初、その方向性に反対していたが、私の決意が固いことを理解してくれたのと、時代が変わりつつあることを感じたのだろう。説得するのにそれほど時間はかからなかった。

閉店セールは大盛況

店を閉めるにあたって二つのことを実行した。まず、最後の大売り出しをやろうじゃないかと言うことになり、2日間の予定で「閉店セール」と銘打って大工道具や金物を店先に並べた。

どれだけ売れるか分からなかったのだが、これが大当たりした。朝から客の行列ができ、飛ぶように売れるのだ。品物は問屋の倉庫に眠っていた在庫を出してもらったが、並べた端からなくなっていく。客が、店の床に落ちていた、使い物にならないさびたドライバーを拾い上げ、「これはいくらだ！」と声を上げたこともあった。むろん、売り物ではなかったのだが……。

結局、セールは10日間続いた。売り上げは半年分にも上った。こんなに売れるならもう少し小売りを続けてもよかったのではと「反省」もしたが、後には引けない。現在でも、品薄だ、バーゲンだとなればお客さんが殺到する。それと同じ出来事があったのだ。その当時、「閉店セール」などと銘打った売り出しは、聞いたことがなかった。今では普通にお目にかかるが、私はその命名の草分けだったのではないか、と自負している。

もう一つは、店の家主でずいぶん世話になった矢田行雄さんへの恩返しだった。狸小路1丁目で印章店「矢田天昌堂」を経営していた矢田さんは、父が木村正二商店を始めた時、快く店先の半分を貸してくれた方だ。

終戦直後の狸小路は、札幌で一番人通りの多い繁華街だった。その中でも1丁目近辺は、近くの創成川沿いに闇市が軒を並べていたこともあって、多くの買い物客や市民でごった返していた、超の付く一等地だった。創業したばかりの店にとって、これほどありがたい場所はなかったのだ。

しかも矢田さんは、閉店するまでの17年間、家賃300円を据え置いたままでいてくれた。父が申し訳なく思い、値上げを頼んでも、一度も首を縦に振らなかったのだ。店を撤退する時、お礼をしたいと何度も申し入れたが、矢田さんは固辞され、結局、お世話になった町内の商店主たちへの感謝パーティーで、間接的に謝意を表したのだった。

まだまだ不安定要素があった草創期の会社にとっては、最大の恩人と言ってもいい人だった。

column
02

母・元子

キムラ、ジョイフルエーケーの歴史と、自分の半生を振り返る時、二つの意味で母・元子（1918〜2001年）の存在を忘れることはできない。

一つは、仕事に情熱を注ぎ、家を空けがちだった父・正二に代わって、いつも木村家と、家族の中心にいてくれたこと。もう一つはキムラの監査役、取締役として経営に携わる一方、キムラを早くから女性の活躍できる職場に育て上げた立役者の一人だったことだ。

母は1918年（大正7年）1月1日、父・小松信夫、母・安代の第1子として台湾の台北市で生まれた。元子の名前は、元日生まれにちなんで付けられた。先祖は、鎌倉時代末から安土桃山時代まで、播磨を支配した武将・赤松氏の家臣・三木氏につながる武家の血筋だという。

母・木村元子

生まれた翌年に父を亡くし、祖父母に引き取られて札幌で生活することになった。祖父母の家は家具製造業を営んでおり、家には大勢の職人や親戚がいて、周囲の愛情をいっぱいに受けて育ったと聞いている。

多くの人に囲まれて育ったことが、家庭を大事にし、多くの人に囲まれることに喜びを見出していく母の人格、性格をはぐくんでいったことは間違いないだろう。

子供のころ、どのような日常だったか、どんな暮らしぶりだったか、今となってはもう知ることはできない。ただ、母の母校、札幌静修高校の妹尾雄太郎教諭に、母の没後にまとめていただいた回想録「木村元子の生涯」によると、大正時代の家具商は、職人だけでなく、家族全員で働くのが普通だった。母親は早朝5時ごろからはたきをかけ、掃いたり、拭いたりするため、嫁や娘はそれより早く起きて働いたともいう。

また、父親は仕入れや配達に忙しく動き回るなど、家族みんながそれぞれの役割を持った「集団」として精一杯働いていたという。

その一方、職人の家族は神社や寺院へのお参りを欠かさない、信心深い一面もあったという。推測になるが、熱心な日蓮宗の信者だった母の信仰心は、そのころ芽生えたのかもしれない。

母は1924年（大正13年）、札幌の若草幼稚園に入園。翌年、西創成小学校（創成小などと統合、現・資生館小）に入学し、5年生の時、札幌女子高等小学校に転入した。

そして1930年（昭和5年）に札幌静修会女学校（現・札幌静修高校）に入学する。サラリーマンに嫁がせたいという祖母の希望が強かったことがその理由だったようで、授業は国語、数学、歴史など一般科目のほか、裁縫、刺繍、作法など「良妻賢母」を育てる科目にも多くの時間を割いていた学校だった。

当時の札幌静修会女学校の修業年限は5年間で、母は1935年（昭和10年）に卒業。同時に、小学校教員裁縫科正教員免許を取得し、母校で生け花教授助手として勤めた後、1938年（昭和13年）、父・正二と結婚した。

サラリーマンに嫁がせたいという祖母の願いとは違い、商家に嫁ぐ結果になったのだ。

正二との結婚に際して祖母の弟（大叔父）である山田幸太郎（札幌一中校長）から次のような歌を贈られている。

姫小まつ　生い志《し》げりつつ　常磐木の
むらとなるまで　栄えゆくら舞《む》

小さな松が成長して生い茂り、やがて緑鮮やかな葉が茂る木が群がって生えるように栄えていくだろう、という祝賀の内容だ。

「姫小まつ」は姓の小松と、「姫」である元子のことをかけている。「生い志げりつつ」は成長し、嫁ぐ年齢になったなあという感慨が込められ、永久に変わらない象徴の「常磐木」の「木」と、次の句の「むら」を合わせ、嫁ぎ先の「木村」家の繁栄を祈るというめでたい歌だった。

祖父母をはじめ、数多くの親戚や家具職人たちと過ごした母は、ここでも夫の9人の弟妹と一緒の大所帯の生活が待っていた。結婚翌年には私が生まれ、私の4人の妹も加わり、歌にあるとおりの人生が展開していくことになった。

先にも書いたが、戦後の苦しい暮らしの時にも、家には多くの人が自然と集まってきた。近所の人、私の学校の教師らが家に来ると、母はいつもなけなしの食べ物やお茶を出してもてなし、いつの間にか集いの中心になって和やかな時間を演出していた。

そんな母の口癖の一つが「みなさまのおかげ」だった。後に書き残していた言葉に次のようなものがある。

「生きていくことは誰かに借りをつくるということ、生きていくことは、その借りを誰かに返していくこと、誰かに借りたら誰かに返そう、誰かにそうしてもらったら、誰かにそうしてあげよう」

母を知る人が語る人物像は、この言葉と重なる。
「困っている人がいると、なにかをしてあげる。しかし恩に着せることは一切なく、『苦労したでしょう』と問われると、いつも『苦労だと思ったことはない』と答える」（娘の言葉）
「もっちゃん（元子の愛称）は自分のことは二の次、三の次。いつも他人の心配をしていました。でも『してやった、やってやった』という気持ちは少しもありませんでした」（孫の言葉）。
身内の言葉ではあるが、母の性格をうまく伝えていると思う。
札幌静修高の卒業生で、キムラに入社した女性社員も次のような思い出を語ってくれる。
「結婚後、残業で遅くなると、夕食のおかずをつくって持たせてくれました。従業員への思いやりに本当の愛情がこもっていました」（1961年＝昭和36年卒、小島睦子さん）
「元子さんの家族と一緒に食事をしたり、正月は餅つきや百人一首を楽しんだりしました」（1957年＝昭和32年卒、小林由美子さん）

「社員寮にいる時、麻雀のメンツが足りないからと呼ばれ、一緒に遊びました」（１９６８年＝昭和43年卒、鉾井陽子さん）

「採用試験の作文の時、元子さんはパンをたくさん買ってきてくださった。帰りにはそのパンを持たせてくれました。夫からは元子さんのようになれ、とよく言われました」（１９６７年＝昭和42年卒、松村節子さん）

「住み込みの方にお小遣いを渡して映画を見に行かせ、私たちもお年玉をいただきました」（１９５８年＝昭和33年卒、佐藤仁子さん）

ちなみに母は、いろいろな趣味を持っており、華道は教授職を取得するなど素人の域を出た技量。そのほか女学校時代から続けた手芸、書道、晩年の漢字検定など好奇心の赴くままに楽しんでいたが、麻雀もその一つだった。自宅では「ポン」「リーチ」の明るい声がよく響いていた。

母は着物を着ることが多かった。麻雀で、袖をたくし上げながら牌を握っていたかと思うと、さばけた風情がなんともユーモラスではないか。また、母は麻雀の点数計算が得意だったという。長年、キムラの経理を任せてミスがなかったのもその影響かもしれない。あたっているかどうかは分からないが……。

母親の影響で、４人の娘のうち３人、義理の妹、孫たちの多くが静修高を卒業した。３代続けて静修という家族は珍しいのではないか。

１９７７年（昭和52年）から１９９１年（平成３年）までの14年間、同窓会の会長を務め、退任後も開校80周年の記念誌の名簿整理を手伝うなど、母と木村家、静修は、切っても切れない縁で強く結ばれていた。静修の理想と、自分の暮らしと重ね合わせて生き抜いたのだと思う。


母はキムラの成長を創業以来、見守り続け、１９６６年（昭和41年）から１９８８年（昭和63年）まで監査役、１９８９年（平成元年）から１９９３年（平成５年）まで取締役も務めた。経営の中心に出ることはなかったが、今に続く社風を築くことにも大きな役割を果たした。

その一つが、静修高からの採用重視。女性社員の多くが、静修高の出身だったのだ。１９６８年（昭和43年）までは女性の採用はすべて静修卒業生、その後も圧倒的な比率で採用が続き、女性社員の採用にあたり、後輩たちをいかに大事にしていたかが分かる。

「良妻賢母」を育てるのが当時の静修の校風だったが、「戦力に男も女もない」というのが私の考えだった。だから、キムラは1950年代から女性も即戦力として考え、仕事の第一線に入ってもらった。当時の企業としては男女平等を意識した先駆けだったのではないか。母の後輩なら大丈夫に違いないと考えていたし、実際、卒業生たちの活躍は期待以上だったのだ。

キムラは女性社員をまず、商品倉庫に配属した。商品知識をみっちり学ぶためだ。倉庫の担当は、机に向き合う仕事だけではない。取引先から注文が入ると、商品をトラックに積み込む作業が始まる。

コンベヤーやフォークリフトがない時代だ。大きな金物、重い鉄骨やパイプなどを抱え、トラックの荷台に積み上げていくのも女子社員の役割だった。当時の女子社員は、50キロの荷物を持ち上げるぐらいは平気だった。急ぐときには両脇に商品を抱えたまま、走って作業した「力持ち」もいた。

その後、経理、総務はもちろんだが、顧客との電話営業（フロント営業）という重要な仕事も担ってもらった。

顧客から電話の問い合わせや注文が入ると、身につけた専門知識と経験が武器になる。商品の種類や価格はもちろん、在庫の数量、配送の手配などをてきぱきとこなしてくれた。

ある時、ライバル会社からフロントの女子社員に電話が入った。「顧客から注文があったが、どんな商品なのか教えてくれないか」というのだ。彼女たちは鉄線の径、重量、パネルの規格など、商品を知り尽くしており、「キムラの女性はよく働く」「彼女たちに聞けばすぐ答えてくれる」と、業界でも評判になっていて、そんな電話も少なくなかった。

1970年代のコンピューター導入の時も、見たことも触れたこともないシステムと格闘しながら、深夜1時、2時まで残業してくれた。毎日の深夜勤に家族からは「嫁入り前の娘を夜遅くまで働かせるとは何事か」というお叱りを受け、恐縮することもあった。

ただ、彼女たちを良縁から遠ざけてしまったとは、思わないでほしい。静修高で受けた「良妻賢母」の教育と作法に、熱心で積極的な勤務態度が上積みされ、男性社員の向こうを張る社会人に育っていったのだ。

むしろ、「キムラの女子社員なら大丈夫」という評判が広まり、取引先などから縁談を持ち込まれたことも一度や二度ではない。

母は、家族的経営だった昭和30年代は、多くの女性社員が語ってくれるように、良い意味での「家庭的な、温かい会社」を下支えしてくれたし、キムラが飛躍し、規模が大きくなった昭和40年代以降も、社員一人ひとりに愛情を込めた視線を注いでくれた。

夫の正二は1974年（昭和49年）に亡くなったが、「与えられれば、お返しする」という母の立ち振る舞いは、生涯、変わらなかった。

後年、母が釧路に行った時のことだ。当時の釧路営業所長の家を訪ね、夜遅くまで所長家族と和やかに談笑した。そのまま泊まり、翌朝、母が帰った後、所長の奥さんが布団を上げると、下から封筒が出てきた。中を見ると1万円札が入っていたという。どんな時でも気遣いを忘れない母でもあった。

母が晩年に書いた便箋13枚の覚え書きが手元にある。亡くなる10年ほど前に書いたようだ。その中には、母自身の半生はもちろん、夫・正二とキムラ、私や家族たちが歩んできた道が、乱れのない文字で綴られている。

今、読んで驚くのは、家族や親戚一人ひとりの出来事の年と日付、その経緯などが正確に書かれていることだ。それも、自分の感情や誇張を交えず、事実を淡々と書き重ねることを心がけている。木村家とキムラに愛情を込めた、それでいて冷静な目を忘れない、母親らしい思い出の記録だ。

母は大正、昭和、平成の3代を生き、21世紀の訪れを待つように、2001年（平成13年）8月13日、永眠した。84歳。子供5人、孫16人、曾孫9人に囲まれ、結婚の時に贈られた「常磐木のむらとなるまで栄えゆくらら舞」にふさわしい生涯だった。

03

成長　拡大　挑戦

03 成長 拡大 挑戦

販売戦略・拡大戦略

小売業をやめ、「大量仕入れ、大量販売の卸売り」を目指して舵を切った私は、販売ルートの拡大に乗り出した。まず、長年つきあいがある金物店、次に建具店、建材店を巻き込んで卸売専業の基礎を固めた。

金物店は、私を同業者と思ったらしく、最初は相手にしてもらえなかった。そこで1965年（昭和40年）からは、札幌市内の建具店上位50社にねらいを定め、1年間に売れるだろう主力商品の7割をメーカーから仕入れ、荷動きの少ない冬季、主に1、2月に自ら配り、置かせてもらった。

メーカーには通常より期間の長い手形の決済をお願いし、了解をもらった。各店に商品を大量に置いてもらう代わりに、支払いは売れた分をその月に回収するという、当時としてはかなり思い切った商法「冬季販売」を編み出した。

まず走り出してみようと、それまで小売りに回していた人材を投入してスタートしたのだが、これが当たった。

販売店から少量の注文を受けて卸すより、各店にある程度の在庫を置いてもらう方が効率的だし、商品を置くスペースさえあれば、販売店も手間がかからない。

例えば販売店にスコップが1本しかなければ売れる度に仕入れなければならないが、いつも在庫があれば店先からスコップがなくなることはない。売れ残れば、私たちが引き取るのだから、不良在庫を抱えることもないというわけだ。

多くの建具店で3~9月に在庫を使いきり、売れた月にその分が入金になる仕組みだ。私たちの仕入れ先であるメーカーなどへの約束手形の支払いも、9月には終わってしまった。

わが社と建具店にとっては、立て替えなしの現金商売。双方とも手形のリスクを減らせる利点があった。その後、事業の内容や扱う商品は変わったが、この「現金商売」はキムラにも引き継がれ、一部の例外を除いてお客様には現金での決済をお願いする伝統になっている。

初荷の出発式で配送トラックと従業員が勢揃いした（1964 年）

当時は、高度成長が始まった時期。住宅の建築が右肩上がりで増え続ける中、関連商品も、物があれば売れる時代に入っていた。

冬季販売の結果は、粗利益25％程度と、当時の卸売業では考えにくい高い数字をはじき出した。これを毎年繰り返したことで、札幌市内の販売店に食い込んでいた本州の卸業者は、卸す先のない一年間の在庫を抱えるなど、商売にならなくなり、間もなく撤退していった。

そのころ、「トラックセールス」と名付けた販売方法も評判になった。メーカーからコンテナで大量に仕入れ、それを販売店に届けた。自社トラックの荷台に商品をドンと乗せ、全道どこの販売店にでも無料で届ける方式で、遅くとも中1日で配送できる態勢をとった。

これも、本州の卸業者にはまねのできない商法で、当時の初荷の出発式の写真には、本社（札幌市中央区南4東3）の前に、正月らしく飾り付けした10台ほどのトラックと、はちまきを締めた従業員約30人の姿が写っている。会社が勢いを増し始めた時期の象徴的な一枚だ。

時には少し細工もした。セールスでは金物店や建材店に商品を大量に置いてもらうようお願いするのだが、渋い顔をする店主もいた。そこで狙いを付けたのが、店の奥さんだった。

大学卒業後、大阪での修業時代に学んだのだが、「将を射んとする者は、まず馬を射よ」、つまり奥さんに気に入られるのが近道なのだ。小売店は、奥さんが仕入れの権限と現金の出し入れを仕切っている店が多かったからだ。

そこで、販売店に商品を納めたい時には、奥さんがほしがるような品を、景品で付ける。「あめも欲しいが、おまけも欲しい」というグリコ商法だ。新商品のカーテンレールや南京錠などのセットを置いてもらうのに、ネグリジェや化粧品を景品にす

JR 札幌駅に近いキムラの現本社

る。そして店主の返事を聞く前に、奥さんに渡してしまえば、次に店を訪れる時も、景品を期待して待っていてくれる。

私にとって冬季販売、トラックセールス、グリコ商法は、懸命に走り続けた日々の懐かしい思い出になっている。

本社移転

本社がJR札幌駅東側の流通団地内に移ったのは、1968年（昭和43年）1月だった。

その少し前、社長だった父・正二が私や役員を集め、「年商分ぐらいの借金をするが、どう思うか」と切り出した。団地内で完成間近の札幌総合卸センターに入居を希望していた金物卸業者13社からキャンセルが相次ぎ、入居が決まったのはたった1社。「空き家」の買い手が見つからないという。立地は良好、業界の発展にも役立つと、センター建設に「総論賛成」だった業界各社が、結局、二の足を踏んで移転に踏み切れなかったのだ。

そんな時、資材の納入先だった大手建設会社の幹部が、センターの工事を是非とも受注したいと、父を訪ねてきた。長い付き合いもあり、父は卸センターの理事長に建設会社を紹介したのだが、その時になって、入居会社の辞退が相次いでいることが分かり、理事長から「何とか入居してくれないか」と、逆に頭を下げられたという。

当時の社の売上高は4億円ほど。移転で、それに匹敵する額の借金を抱えることに、父もたじろいだのかもしれない。普通なら、断るところだったが、父はそろばん勘定だけでは出せない結論を出そうとしていた。

それまでの社屋は、会社の規模拡大につれて手狭になっていた。新しい社屋を、という意見もあったが、多額の借り入れを前に、勇気だけでは踏み出せない一歩だっただろう。

父の決断は、卸センターの理事長が頭を下げてまで頼んできた案件を、簡単には断るまいという「男気」も交じっていたと思う。父は「万が一のことがあったら、先祖から引き継いだ今の本社の土地を売れば、何とかなるだろう。うまくいけば、財産が二つになる」と、移転を決心した。

その後、社の売り上げは急増し、成長の軌道にうまく乗ることができた。父の男気は、創業以来続いた小規模な「家業」経営から、大きく裾野を広げた「事業」への転機になったといえる。

その三十数年後、キムラが超大型ホームセンター「ジョイフルエーケー」をつくる時、本州大手のジョイフル本田とアークランドサカモトに出資してもらったことは、先に述べた。

アークランドサカモトは自ら出店するつもりで取得した札幌市北区の土地を譲ってくれたし、ジョイフル本田は、はるか北海道にできるホームセンターに人材や資金、経営のノウハウを提供してくれた。

両社にはそこまで手助けするメリットがあったとは思わない。

だが、ジョイフル本田に一度断られた私が、その後、三顧の礼を尽くして北海道での新しいホームセンター開設を訴え、頭を下げて協力を願い出たことに、計算以外の

「何か」を感じ取ってくれたのだろうと考えている。いま思うと、父が巨額の借り入れをしてまで本社移転を決意したことと二重写しになる。

地上3階の社屋（移転後、5階に増築）は、現在、土地面積1124平方メートル、床面積4796平方メートルあり、キムラ、ジョイフルエーケーの本社が入居している。2019年12月には、団地内に完成する新卸センター（仮称、札幌市東区北6東4）の6、7階に移転する計画だ。

現本社への移転から半世紀。2018年（平成30年）6月の起工式に出席した私は、移転時の父の英断を思い起こしていた。

新しい波と「キムラ」誕生

本社移転と前後して、建材に大きなうねりがやってきた。アルミ建材の登場だ。アルミは軽量で強度もあり、加工しやすいが、アルミ精錬に膨大な電力が必要で、建材としてはコストがかかりすぎた。

だが高度成長に歩調を合わせて電源開発が進み、低コストの建材としてにわかに注目され始めた。昭和40年代に入って急速に普及し、数年後には木製の窓枠はほとんど需要がなくなった。あっという間の出来事と言っていい。

そこで窓枠などを扱う建具店に攻勢をかけたが、まだ営業の力が不足していたため、順調には行かなかった。代わって建材店、木材店に営業展開した。建材店は新しい素材に期待し、木材店も木製品の先行きに不安を持っていたので、営業は順調に進んだ。

ただ、まだアルミ建材に抵抗感を持つ取引先も少なくなかった。社業の安定と発展のため、私たちはアルミ製品を扱ってもらえない建具店とは、取り引きをやめる方針を選んだ。冷たく思われるかもしれないが、新しい波、時代とともに変わるニーズとそれに合わせた商品に重点をシフトさせなければならない、という選択だったのだ。

さらにアルミ建材の普及と歩調を合わせるように、ステンレス製の流し台、バスユニットなどの住宅機器、鉄に代わるＡＢＳ樹脂のメーカーが量産する規格品が普及し始めた。この流れをくんで、扱う商品もアルミ製品、ステンレス製品をはじめ、プラスチック建材、流し台、石油風呂釜、サッシ関連の金物、住宅建築の時に使う足場やビル用仮設資材など幅を広げていった。

大工道具から始まった会社が、取扱商品の多角化によって脱皮し始めた時期でも

本社で勤務する社員たち（1972年）

あった。

　1972年（昭和47年）は、会社にとって大きな転換期だったといえる。

　国内では、田中角栄元首相の「日本列島改造論」構想が発表になり、高度成長の絶頂期を迎えていた。また、札幌でも冬季オリンピックの開催（2月）、札幌市が政令指定都市に移行（4月）した年でもあった。

　この年の2月、社名を木村金物から「株式会社キムラ」に変えた。1946年（昭和21年）に金物、大工道具、工具などを扱う小売店からスタートし、1951年（昭和26年）に「株式会社木村金物店」に法人化。さらに1966年（昭和41年）には、社名を「木村金物」に変更していた。

だが、業務や取り扱う商品は、もはや「金物」という枠では覆い尽くせないほど広がり、住宅関連資材・機器、建設金物など年々、多様化していた。

また、１９７１年（昭和46年）には、道外進出の第一歩として、埼玉県大宮市（現さいたま市）に営業所を開設していた。

さらにこの年、初めて大学新卒７人を、将来の幹部候補として定期採用した。

会社規模を見てみると、法人化した１９５１年の売上高は１２００万円だったが、１９７０年代に入ると20億円を超えた。

年度	売上高	資本金	従業員
１９５１年	１２００万円	60万円	７人
52年	１３２１万円		
53年	１４４０万円		
54年	２３６９万円		
55年	２４３５万円		９人
56年	３９２１万円		
57年	４４８０万円		

58年	4506万円		
59年	1827万円（半期決算）		
60年	5989万円		
61年	7405万円	200万円	15人
62年	1億2319万円		
63年	1億5992万円	500万円	24人
64年	2億7249万円	1500万円	
65年	3億4191万円		28人
66年	3億9477万円		
67年	5億5927万円		
68年	7億1771万円		40人
69年	8億6478万円		42人
70年	11億9265万円		44人
71年	8億8550万円（半期決算）		
72年	14億9263万円	4500万円	62人
73年	22億4836万円		74人

社員の勤勉、努力はもちろんのことだが、北海道をはじめとした住宅建築、建設の急成長を背景にしたキムラの業績の急上昇だったことは間違いない。

「帆船経営」の指摘

父・正二が他界したのは、1974年（昭和49年）1月だった。私は高校、大学時代にはキムラと木村家の跡を継ぐ決意はできていたが、キムラを発展させ、強い基盤を築いた父の死は大きな衝撃だった。

父の死と同時に社長になった私は、当時、35歳。「キムラの経営はこのままでいいのか。進むべき道はどこにあるのか」を考えていた。会社の規模拡大とともに、はっきりした道筋を描こうと、さまざまな研修、セミナーを受け、手探りながら勉強していた。そんな時に出会ったのが、経営コンサルタントの先駆けだった「田辺経営」（現・タナベ経営）の創始者、田辺昇一氏だった。

田辺氏は著書の中で、「経営には原理原則がある」「会社が成長するには社員一人ひとりが成長しなければならない」と訴えており、時代と会社の規模に見合った経営のあり方を探っていた私は、心酔といっていいほど傾倒していった。

そこで翌年、田辺経営から社外取締役を迎え、キムラの財務、営業、管理から人材、社風に至るまで1年間かけて詳しく分析、評価してもらった。

その集大成が「総合診断報告書」としてまとまった。今まで、ひたすら突っ走ってきた私やキムラの幹部にとっては、自分のいる会社に客観的な評価、批判が与えられた初めての出来事だったと言っていい。

B４判、全90ページ近い報告書の膨大な内容すべてはとうてい紹介しきれないが、冒頭部分に置かれた「総合結論」と、各論の項目を書きとどめておく。

項目の見出しだけでも、その当時のキムラの原点や位置づけ、その後の方向性を簡潔に示しており、いま読み返しても含蓄のある内容の報告書といえる。（年は元号表記、用字は一部変更した）

総合結論

Ⅰ—１　現状分析

1．企業経営は十年一節と言われるが、わが社（キムラ）も、昭和21年、先代社長が創業して以来、今日までの歴史を振り返ってみると、ほぼ10年ごとに大きな体質転換を行っている。

2. 第1回目は昭和29年~30年の建設業者に対する建築金物・建築資材の販売開始と、それに伴う品目数・在庫量の増大である。これによりわが社は今までの販売先・取扱商品から脱皮して生業→家業へと成長していく素地を固めることができた。

3. 第2回目は昭和38年の小売り閉鎖・卸売専業化であろう。金物店ルートに本格的に建築金物を中心に商品を流すことにより、販売面でのわが社の経営基盤を固めることができた。それとともに、卸センターに新社屋を、苗穂に倉庫をそれぞれ建設し、業界トップの倉庫面積と、品揃え機能を持てるようになってきた。

4. わが社が成長の第3の節として迎えつつあるのは、100人規模、年商30億円ラインに達したため生じた組織的経営管理の問題と、中堅幹部不足の問題である。ここ数年、教育、会議、開発、目標管理、経営参画ということにそれぞれ手を打ってきたが、組織的経営実現の基本的問題が解決されないまま、仕事が進められている。そのため、現在、表面的には順調に業績が伸びてきているが、これはあくまでも他力要因によるところが大きく、もし環境が急激に悪化した際には規模が大型化しただけに、却って深刻な問題を起こす恐れすらある、弱い体質を持っている。

5．わが社の今までの成長の要因を分析した結果、わが社の現状の問題点を一言で集約すると

曲がり角に立つ帆船経営

であり、組織力・機動力が弱かった。

わが社の今までの成長は経営者・幹部の努力もさることながら、多分に時流に乗った他力要因的要素が大きかった。有力な手強いライバルが存在しなかったことも幸いした。しかし、今後は状況が大きく変わってくる。今までのやりかただけでは通用しなくなる。

I―2　改善の方向

1．需要環境変化・供給環境変化・有力ライバル出現などにも十分対処できる、わ

が社の経営体質のためにまず打つべき手は、経営管理システム強化・人材強化・商品力強化などすべての経営戦略策定の基本となる企業使命感＝最高価値判断基準づくり、および行動の原点づくりである。

2. わが社の企業使命感は、価値提供・創業精神・業界および地域への貢献から判断して下記のように定めることを提案したい。

わが社の企業使命感
建築金物・関連資材のスーパー貯水源＝キムラ

3. 行動の原点は次のように定めることを提案したい。

①われわれキムラに働く社員の一人ひとりは、建築業界の生命の水を供給する使命を自覚して行動する。
②品揃え機能を充実させる。

③保管と配送の物流機能効率化の極限を追求する。
④重点販売ルート・重点販売地域への面展開を強化し、優秀商品の取り扱いシェアを高め、安全供給を全うする。
⑤固定ファンづくりを進め、情報パイプを太く、短くし、ユーザーに新鮮な情報を送る。
⑥誇りある職場・希望の持てる職場を築き上げ、社員は地域社会において祝福される人になる。

4. 次に打つべき手は販売面での体質強化のための一点突破全面推動の突破口作戦として

重点面展開

を実施することである。点的に散在的にバラバラとやっていたことを、ここで集中的に実行し、結果の面でも点的結果であったものを面的に幅と広がりのあるものにすることが肝心である。

5. 重点面展開作戦は三つの内容を持ち、社長自身が推進本部長となり、その下に3人の作戦部隊長を任命し、プロジェクトチーム形式で中堅クラス中心に強力にやっていただきたい。

第1は流通パイプ強化作戦である。主体である金物店ルートは優秀店を中心に40％以上のシェア確保を目指す。

第2は物流ノウハウ磨き上げ作戦である。仕入れ管理・在庫管理・配送についての技術ノウハウを徹底的に勉強し、文句なしに道内トップレベルになるよう徹底してやる。

第3は基本動作体得作戦である。田辺経営の基本動作カードに盛られている一流企業が身につけるべき基本動作を頭、理屈ではなくて継続実践により、体得し我《わ》がものにする。

6. 第3に打つべき手は、突破口作戦を成功させる基盤となる組織的経営管理実行のために、経営方針書と経営会議を中心とする、方針書中心経営のシステムづくりである。目標方針のないところに相乗効果・累積効果はない。

経営とは、人の集団による総合力の発揮であり、先行投資・先見行動による潜在需要の開発・機会損失の絶滅である。突破口作戦を成功させるという基本目標を常に意識して仕事を進めることが肝心である。

7. 第4に打つべき手は突破口作戦を成功させるための人材強化である。意欲ある25歳〜35歳クラスの中堅幹部の積極的スカウトと組織を動かす幹部づくりのための計画的幹部教育の実行である。

わが社の社是の精神に心から共感し、若い社長と力を合わせ業界のリーダー、北海道のリーダーとなる一流企業・キムラをつくりあげようとするバイタリティーと心の姿勢の有無を何時も人物判定のポイントにしていただきたい。

8. 昨秋の石油危機を景気として、企業をめぐる経済的、社会的、地域的あるいは人的経営環境は大きく変わり始めた。すべての企業が経営体質の総点検を迫られている。

（以下略）

私が衝撃を受けたのは「曲がり角に立つ帆船経営」という文言だった。高度成長、住宅建築の伸びという「風」に支えられ、飛躍的に業績を伸ばしてきたが、では自力で航行できる「動力」が備わっているのか、という指摘だった。

あらゆる資材、機器を品揃えし、要望があればいつでも流通させることができる企業・キムラを目指す「建築金物・資材のスーパーダム」の企業使命感を、経営方針の軸に掲げたのもこの時からだった。

新しい試み

1980年代に入り、住宅建築が落ち着くと、新たに北海道に適した高断熱、高気密の寒冷地住宅が求められるようになった。量から質を求める需要が高まってきたのだ。

私は約40年前、まだ30代のころに仲間と世界一周の旅に出た。通訳もない、男ばかりの4人旅。みんな起業を目指す血気盛んな連中だ。それぞれが自分の事業に生かす何かを見つけるのが目的で、20日間で欧米8カ国を回った。

ちょうど寒い時期だったが、北欧各国を回ると、みんな冬でも暖かい家で暮らしているのに驚いた。理由を聞くとドア、窓枠、壁などに断熱材が入っていて、外がいくら寒くても平気だという。

当時、北海道の冬といえば、朝、布団の縁に自分の息でできた霜が付いている時代だ。部屋にビール瓶を置きっ放しにして暖房を切ると、冷えすぎて炭酸ガスの泡が吹き出すほど冷気の遮断は貧弱だった。

その断熱材を持ち帰ったのはもちろんだ。帰国して間もなく、社員を北欧、北米に派遣して現地の住宅事情、住宅の資材や施工方法を勉強してもらった。北欧、北米への視察、研修は今も続いており、１９８６年（昭和61年）からは、北方圏各国からの住宅資材、機器の輸入も続けている。いつか高品質の寒冷地住宅の時代が来るという確信に沿った先行投資だったといえる。

北海道というより全国の寒冷地住宅のパイオニアといえば、土屋ホーム（札幌）であることは言うまでもない。１９７６年（昭和51年）の会社設立の前後から、現在まで高断熱、高耐久、高気密の住宅を目指し、全国スケールの企業に発展されたが、キムラは早い時期から寒冷地住宅向けの資材、機器を供給しており、1980年代から、キムラの得意先のうち、道内ハウスメーカーとしてはトップクラスだ。

現在、キムラの取扱商品の中でも北欧、北米の高品質資材は大きなウエートを占めている。断熱効果の高いドア、アルミの1500倍という優れた断熱性を備えた木製の窓をはじめ、環境に優しい高品質の住宅資材を揃え、快適な北海道の冬を過ごしてもらうサポートが使命だと考えている。

外に飛び出す

得手、不得手ではなく、新しいことに挑戦することは胸が躍るものだ。

2005年（平成17年）の小樽でのマンション建設・分譲も、社としてはチャレンジであったし、全戸ほぼ即日完売という、最も成功した例の一つだ。

住宅資材、住宅機器、建築金物の卸が本業だったから、「マンション事業部」などという社内の組織はなかった。当然、担当者もいなかった。

マンションの建設、販売自体は、以前にも手がけた経験があった。1991年（平成3年）に宅地建物取引業の免許を取得し、1992年（平成4年）から、札幌市で「モン・レーブ厚別」（2棟、計168戸）、「モン・レーブ宮の沢」（92戸）、「モン・レーブN31　花その公園」（21戸）、「モン・レーブ新道東」（127戸）の計4カ所（事業費96億円）を建設・分譲している。

だが、小樽で計画した大型マンションは桁違いの規模だった。

詳しくいうと、建設場所は小樽ベイエリア内の東側。マンションを4棟建てる計画で、A棟（103戸）は13階建て、延べ1万1504平方メートル、B棟（55戸）は14階建て、6422平方メートル、C棟（30戸）は15階建て、3605平方メートル、D棟（89戸）は15階建て、9488平方メートルで、計277戸の大型リゾートマンション「ベイシティガーデン小樽」を整備するという内容だった。

全戸からベイエリアを望むことができ、景観は抜群だ。近くには、複合商業施設「ウイングベイ小樽」、高級リゾートホテル「ヒルトン小樽」（現グランドパーク小樽）、JR小樽築港駅、築港臨海公園などがあり、利便性、良好な環境をセールスポイントにしようと決めた。

小樽築港駅まで徒歩2分、小樽駅までJRで約6分、札幌まででも25分で行けるのだ。

また、定年退職した人たちの終《つい》の棲家になればと、1戸あたりの面積をゆったりとり、B、C棟は4LDKを3LDKに、3LDKを2LDKにと、住む人のやすらぎに重きを置いた。

その一方、寒冷地向けとしては最も優れている外断熱工法を採用し、塩害に強いプラスチック製サッシを導入した。さらに、住民の安全を考え、マンション内には防犯カメラ68台を設置するなどして、防犯マンションの認定も受けた。さらに、資産価値を保ったまま、安心して住んでもらえる住宅性能評価も取得した。

だが、最大の売りは、やはり全戸が天然温泉（戸別給湯）を好きなだけ使えることだったと思う。1本目の温泉井の温度は49度あり、どの家でも、蛇口をひねると、好きなだけ使ってもらえた。浴室には全戸テレビを付けるサービスも忘れなかった。もちろん小樽では初めてだった。

社内に担当部署はなく、私が建設のゴーサインを出した後は、猪狩哲夫副社長（現相談役）に実務の一切を任せた。

むろん、勝算なしにやったわけではない。

市場を調査すると、小樽のマンション需要は、年間100戸程度とわかった。日本の経済が低迷していた時期だったから、マンション供給も少なかったが、300戸近くの物件を売り切るには、それなりの覚悟が必要だった。

実際、ほかの大手デベロッパーはすべて手を引き、私たちにも「やめたほうがいい」の大合唱が聞こえた。ただ、ある観光・ホテル大手のトップが「北海道の中で海の見えるマンションはここぐらい。札幌駅周辺と同じぐらい価値ある計画だ」と、応援してくれた。その方は、マンションの一番高価な部屋を、いの一番で予約してくれた。

時節柄、高価すぎては売れないだろう。だが、ほかのデベロッパーと違い、私が責任を持ち、猪狩副社長が設計、発注、建設、販売を仕切るので、人件費などはかからない。マンション設計はＡＧ総合設計、建設は岩田建設（現・岩田地崎建設）、販売はクレヴァライフに外注し、全力で支援してもらったことで、他業者の物件より2、3割安く価格を付けることもできた。

しかも立地は抜群だったから、売れるはずだ、という自信はあった。それでも心配は心配、売れ残れば、維持・管理費を負担しなければならず、先行して買った住民のことを考えれば、後日の安売りもできない。ところがふたを開けてみると、心配は無用だったと分かった。2005年（平成17年）、ウイングベイ小樽内でモデルハウスを公開すると、即日完売と言っていいほどの売れ行きだった。パーフェクトだったといえる。

購入してくれた人を分析してみると、後志管内を含む小樽の人が半分、道内の人が4分の1、東京、大阪、愛知など道外勢が4分の1だった。ハワイの人も買ってくれた。近々退職して第二の人生に踏み出す人、小樽に帰ってくる人、リゾートマンションとして使いたい人など、私たちが狙ったとおりの人たちが大半を占めた。

このマンション4棟は、廊下でつながっており、住んでいる人にとっては開かれた地域になっている。分譲当初から「住みやすい環境を育てよう」と、住民にあいさつの励行をお願いしてきたが、今ではあいさつがごく自然に交わされる、明るい笑顔にあふれたコミュニティーになった。私は仕事柄、会った人より先にあいさつするのが得意なのだが、このマンションだけは住民の方に先手をとられてしまう。

マンション管理も住民の管理組合が主役だし、みなさん非常に熱心に活動してくれている。地域イベントも数多い。手放す人もごく少数で、物件が売りに出たとしてもすぐに売れるほど、今も資産価値が高いままだ。

私事だが、私自身も2戸を買って壁を抜き、1戸使いしている。実際に行くことはそう多くないが、社の会議やパーティーの会場として重宝している。猪狩相談役は、マンションの住民の1人で、管理組合の役員も務めている。

失敗もあった。分譲後しばらくして温泉の戸別給湯がストップしたことがある。みなさんが、正月などに親戚や友人らを家に招き、一斉に蛇口を開いたため、供給が追いつかなくなったのだ。住民から苦情が相次ぎ、結局、温泉井をもう1本掘り、問題の解消に努めた。

小樽ベイエリアの新しいランドマークを建てることができた喜びは大きい。住民がわが家を誇りに思い、喜んでくれたことは、商人冥利に尽きる。当然、販売実績はキムラの売り上げに上乗せされ、業績向上にもつながった。

同時に、私が学んだことも少なくない。マンション建設を手がけることで、建設会社に仕事が生まれる。キムラも、住宅資材、住宅機器、建築金物などを納入できる。これが自ら事業を興し、ビジネスチャンスをつくり出す「創注経営」だ。何より資材などを総合的にどう使うかを、キムラが勉強し、「ホームリゾート」という新しい住まい方を提案できた。

お客様に喜ばれた、会社実績に貢献した。新しいことに挑戦した甲斐は、十二分にあったといっていい。

株式公開と糖尿病

1989年（平成元年）、私は役員会で株式を公開する決意を話した。ところが、誰も本気だと思ってくれない。キムラの株は私たち木村家、社員の持ち株会が占めており、役員たちは会社の規模が一定程度拡大しても、特に公開する必要を感じていなかったようだ。会社幹部で信用してくれたのは、数人だったろうか。

株式公開の理由は、前年の売上高が初めて100億円を突破し、今後の業績アップを目指すための信用力を増すためだ。キムラの知名度が低い本州方面で、顧客を回る社員の名刺に株式公開をうたえば、相手の反応が違うはず、営業もやりやすくなると考えたからだ。新入社員募集の時も、入社希望者が安心して志望できるではないか。

だが、もう一つ理由は、私の体調にあった。

食通を自認し、周りからはいつも2人前をたいらげる大食漢と言われていた。体型も太り気味だったのに、その1年ほど前から痩せ始め、いくら食べても回復しなくなった。疲れやすくもなっていた。

中国への視察旅行から帰って病院に行くと糖尿病と診断され、即日入院しなければならなくなった。厳格なカロリー計算の食事制限で1カ月。つらい体験だった。

そこで回復への「願掛け」として、ススキノ通いを一切止めた。おつきあいも焼酎の水割り1杯、夜8時に帰宅と決意し、同時に、仕事の目標として株式公開を選択したのだ。

最初は冗談だと思っていた幹部たちもその後、私が次々に準備を指示するものだから、本気になって準備に取り組み始めた。噂を聞いた大手証券会社数社から「私どもが幹事会社になれば、株価を高くすることもできます」とお誘いを受けたが、私は中堅の第一証券（合併で現・三菱ＵＦＪモルガン・スタンレー証券）を選んだ。

私は、株価が上がることを狙ったのではなかった。適正な株価水準で、取引先のみなさんやキムラ社員が株を手に入れ、自分がかかわったり勤務する会社の一部になったと感じてもらえればよかっただけだ。

店頭公開の際、大手証券会社を幹事会社に据えるのが一般的だったが、第一証券は幹事会社に指名されたことで感激し、懇切丁寧に指導してくれた。キムラは1946年（昭和21年）の創業後、厳しい税務調査を経験したこともあり、ずっとガラス張り経営を信条にしてきたが、それでも株主の数を増やしたり、中期計画策定、財務諸表の点検・整理など、7年の準備期間が必要だった。

1995年（平成7年）9月28日の店頭公開初日、株価は1510円を付けた。「こんなものだろう」というのが、平凡ではあるが素直な感想だった。株を持っていた社員からは「えー、こんなに高くなった」と驚きの声が上がったというから、満足していい結果だったといえる。

その後、店頭登録市場のジャスダックへの移行により、2004年（平成16年）12月に上場したが、株式公開による社員の頑張りで、売上増にもつながった。公開を最初に決め、それに向かって会社が力を発揮した、というのが一番の収穫だった。

ちなみに、糖尿病はよくなったが、焼酎水割り1杯、夜8時帰宅の習慣は今も守っている。

column 03

2人の参謀

どんな会社でも同じだが、キムラは1946年（昭和21年）の創業以来、良い時も悪い時もあった。人材も、売る物も揃わない中、足と気力で販路拡大を目指した昭和20〜40年代、住宅建築が振るわなくなり、新たな分野の開拓に乗り出した昭和50年代以降。それぞれの時代の社員の頑張りが、業績を積み重ね、70年余の社史を刻んできた。

キムラに籍を置いた全社員に深く感謝するが、その代表として2人の名前を挙げておきたい。

元監査役の木村実さん（1932年〜2014年）と、現在の相談役、猪狩哲夫さん（1947年〜）だ。

木村実さんは、私の叔父にあたり、中学校卒業後、1947年（昭和22年）に当時の木村正二商店に入った。創業2年目の入社で、私の父・正二とともにキムラの基礎を固めてくれた人だ。

入社間もないころは、カーキ色のリュックサックに商品を詰め込み、小樽の造船所で船大工に大工道具を売り込んだり、千歳の米軍キャンプ建設地では風呂敷を地面に広げ、カンナ、金槌、ドライバーなどを売りさばいたりした。商売になりそうな場所を探しては、商品を背負って出向き、現金をつかんでは帰社する毎日を、黙々と続けてくれた

木村実さん

106ページに掲載した出張先の表も、彼の行動記録だ。訪れた市町村は1カ月で31市町村。宿泊先は駅のホームか、夜行列車の堅い座席だ。会社に戻ると、すぐ、次の販売先に向かう行動力とエネルギーに、若かった私も舌を巻いた。父が右腕と頼ったのも頷ける。

私が1963年（昭和38年）、大阪から戻り、入社した時も、会社と仕事を知り尽くした先輩として、販売・営業はもちろん管理、総務まで、手を取って仕込んでくれた。狸小路の小売店舗から撤退しようとした時は、「店は儲かっていま

すか」という私の問いかけに、「あまり儲からないなあ」と言って、卸売専業への業態替えに向けて背中を押してくれた。私にとっても恩人の一人なのだ。

１９７４年（昭和49年）、社長を引き継いだ後、ある顧客とトラブルがあった。収まりそうもなかった時に、「私が『社長』です」と言って、自ら矢面に立ち、先方との話をまとめてくれた。口数の多い人ではなかったが、謹厳実直で、誠意を持って話す人で、今でも「実さんは…」「実さんだったら」と話が出るほど信頼された方だった。

猪狩哲夫さん

猪狩さんは１９７１年（昭和46年）、キムラ（当時、木村金物）が初めて大卒を定期採用した時の１期生だ。

当時は、年間の売上高が約15億円、社員60人ほどの規模。大卒の幹部候補とはいえ、最初は倉庫に配属し、80キロもあろうかという重い荷物を運びながら汗を流してもらった。

後で聞くと、金物を扱うと聞いていたので、家庭にあるような鍋、釜を想像していたといい、主力商品だった建築金物など、見たこともなかったらしい。

猪狩さんは、明るく、前向き。部下に優しく、仕事に厳しい人だ。私はいつもきついことばかり言っていると社員から思われていたので、本当に厳しいことを言うべき時に、うまく伝わらないことが多かった。

そんな時が彼の出番だ。普段優しい猪狩さんが怒っている、これは大事に違いないと、部下が危機感を持ってくれるのだ。また、私に意見を具申し、時にはいさめる時もあった。

開設して間もない釧路営業所長などを務め、38歳で取締役になってもらった。いろいろな幹部研修、セミナーで研鑽を積んでいたし、地方を含めて実戦経験も豊富だ。優しさ、厳しさを併せ持つホープとして抜擢したのだ。

私にとって、木村実さんが恩人なら、猪狩さんは分身といえるのではないか。ジョイフルエーケーの開店など新たな事業開拓や、株式の公開など、キムラの節目になる場面では必ず陰の主役を務めてくれた。

そのハイライトが高級リゾートマンション「ベイシティガーデン小樽」の建設だった。先に書いたとおり、キムラ始まって以来の大規模開発事業だ。猪狩さん自身も不慣れだったろうが、設計、建設、販売など外注先との交渉、資金の調達など、文字通り八面六臂の活躍ぶりだった。

マンションの温泉の戸別給湯が止まり、住民からクレームが相次いだ時も、全力で対応してくれた。その時、キムラが開いた説明会でも、お怒りの声が数多く出た。住民にとっては、購入するきっかけにもなったセールスポイントだから当然だ。

猪狩さんは、住民を前に1時間半も立ったままで対応策を説明、みなさんの理解を得てくれた。誠心誠意、丁寧にキムラの姿勢を伝えてくれたからこその結果だったと思っている。

猪狩さんは現在、小樽のベイシティガーデンにある自宅から通勤しているが、「開発、建設、販売を最初から手がけ、そこに住むことができた。実に楽しい仕事だった」と明るく話してくれる。私も「やってよかった、任せてよかった」と思えるのがうれしい。

軍隊用語で恐縮だが、「参謀」を辞書で引くと「高級指揮官を補佐して作戦・用兵その他一切の計画、指導にあたる将校」（『広辞苑』）となっている。

キムラは先代の正二、私、現社長の勇介と木村家が3代指揮官を務めているが、木村実さん、猪狩さんは、時に指揮官の前に立ち、時に陰で支えてくれた名参謀だった。次の世代の名参謀も、きっと現れてくれるだろう。

04

いくつかの試み　キムラの経営哲学

04 いくつかの試み　キムラの経営哲学

キムラの歴史の中で、私は何度か事業に挑戦することを決断した。ここまで小売業から卸売業への専業化、マンションの建設・販売、ジョイフルエーケー創設などを書いてきた。だがそれ以外にも、多くの試みを進めてきた。うまくいくものもあったし、目算通りに行かなかったものもある。いくつかを紹介しておく。

ホームビルダーズフェア

本社を移転して2年後の1970年（昭和45年）3月、第1回展示即売会を本社社屋で開催した。その後、名称をホームビルダーズショーに変え、会場も北海道立産業共進会場（月寒グリーンドーム）、アクセスサッポロなどに移しながら、毎年欠かさず開いている。

2017年（平成29年）3月の第48回は、初めて木材関連の建材・住宅機器卸売業

キムラの名物イベントとして定着したホームビルダーズフェア

のニヘイ（本社・札幌市）と共催。ホームビルダーズフェアと再度改称し、「2020新時代への挑戦　未来につなぐ住まいのTOTAL情報発信」をメーンテーマに開いた。

会場のブースには住宅資材・機器、金物などの協賛メーカーが新商品、売れ筋商品を並べ、キムラも「高気密・高断熱」をテーマにしたオリジナルブランド「アルミック」の暖房、通気資材、収納システムなどを展示した。北海道での催しだけに、寒冷地仕様の住宅、関連資材の展示が目立つのも特徴だ。

来場者は、全道の販売店、工務店、設計事務所などはもちろん、遠く九州から来る業者もある。業界内のイベントなので一般の方は多くないが、物だけでなく、理想の住み方、新しい工法などの紹介もあり、毎年めまぐるしく変わる商品や提案には、私も驚かされる。

第1回は協賛社30社、来場者300人と、今から見ればささやかだったが、キムラのような金物中心の卸業者の展示会は道内ではほとんどなく、その後は1982年(昭和57年)の第13回には104社と大台に達し、来場者も2200人に。近年は毎回、協賛100社、来場者5000人を常に記録しており、住宅需要が動き出す春にふさわしい展示会に成長した。

商品が年々多様化し、数も増えたため会場での営業はほとんどしなくなったが、当初は2日間の会期で1カ月分の売り上げを計上したこともあった。

余談ではあるが、この催しは地方の販売店には大好評だった。地方の店主さんは、札幌まで出向く機会が少なく、年に一度の札幌行脚を楽しみにしていた。各店の得意先を連れてバスを連ねて来場する方もいたほどだ。

新商品、新提案を知るには貴重な機会だったが、仕事の後の懇親の場を楽しみにする人も多かった。バブル全盛のころには、仕事を終えた店主さんがススキノのクラブに繰り出し、店内は展示会の来場者ばかりということも。当然、キムラの営業マンも同席して、熱心に自分の売り込みに努めていた。

ホームビルダーズショーは、次回で第50回を迎える。半世紀も歴史を刻めれば、大成功といえるだろう。

増改館

「増改」とは住宅、建物の増築と改築を合わせた造語だ。現在ではリフォーム、増改築という言葉はすっかり市民権を得ているが、1982年（昭和57年）、キムラが「増改館」と銘打って本社内に住宅の増築、改築、改装をテーマにオープンした時は、まだ知っている人は少なかったと思う。

住宅関連のショールームは、まちなかのビルや関連業者が開設していたが、そのほとんどは100～400平方メートル程度だった。訪れる業者も一般客も少なく、オープンから数年で倉庫や空きスペースに変わり、ショールームとして定着するほどの店はなかったといっていい。また、住宅展示場はあったが、増改築の展示場は全国にもなかった。

それなら、思い切ってやろうではないか。それも中途半端なものではなく、業界があっと驚く規模で始めよう、と決心した。

当時、5階建てに増築した本社は、1階から4階までのほとんどが遊休スペースになっていた。ワンフロア1000平方メートル近くはあり、1、2階をぶち抜いて計3フロア、約3000平方メートル規模。増築と改築に関連する商品をずらりと並べ、モデルルームも設置した。

おそらく、全国のさきがけだったと思う。「何か大きなショールームができたようだ」という話は全国に伝わり、聞きつけた関係者が次々に来場した。期待以上の滑り出しだったのだ。

だが、長続きしなかった。理由は、まだ当時は、住宅の増改築というコンセプトがはっきりしていなかったこと、毎年展示内容をがらりと変えるわけにも行かず、一度見ればそれまでで、再訪する人が少なかったことが挙げられる。

加えて立地もよくなかった。本社はJR札幌駅の東側にあるが、当時は鉄道も高架ではなく、駅北口には平屋の民家が残る、ひなびた場所だった。繁華街から離れ、キムラや金物、流通関係の企業が集まった団地に、わざわざ足を運ぶ人がいなかったのも当然だった。

そこで1階フロアをじゅうたん専門のスペースに切り替えた。これも、道内一の規模だったはずだ。

だが、それも無駄な努力に終わった。結局、オープンの4年後には、撤収してしまった。

まず、打って出る。これが私の信条だ。決断してすぐ始めた増改館は、残念な結果に終わったといえる。だが、撤収も素早かった。実績も伴わないのに、だらだら続けては、出展メーカーなど関係者にご迷惑をかける。外から失敗と思われようとも、早々と矛を収めることにしたのは、私らしい判断だった。

多くの人にとって、住宅やマンションの増改築というコンセプトは今、当たり前になっていると思われるだろう。その通りだ。住宅雑誌には増改築特集が目白押しだし、増改築の専門業者も多くなった。反省する点があるとすれば「5年早すぎた！」ということだろう。負け惜しみではないのだが……。

このほか、会社組織の運営では、経営の多角化を狙って1970年代に一時、分社化を進めたことがある。工事施工、外構など、卸売業以外を6社に分け、私の大先輩や優秀な人材を送り込んだ。

だが、キムラとは人材面での交流がうまくいかず、結局、分社した会社はすべて譲渡した。

大きな反省点ではあるが、これを機に、卸売専業で進めるという方向性が鮮明になったといっていい。

教育と研鑽

キムラが現在、社員教育の柱にしているのが、「社内木鶏会《もっけいかい》」の実施だ。

私が、経営者向けの月刊誌「致知《ちち》」（致知出版社）を読み始めたのは、今から30年ほど前だった。当時、私はキムラを継いで十数年だったが、「致知」に登場する一流の経営者や各界を代表する人たちの体験談、経営哲学、人生論に共鳴し、早い時期から幹部たちと読後の感想や意見を話し合う場を設けていた。

一方で、幹部だけでなく一般社員にも広げることはできないかと考え、２００７年（平成19年）から社内木鶏会を社員、職場でも実施することにした。元々、幹部社員の勉強ぶりを見ていた社員たちから大きな反発はなく、毎月、キムラ、ジョイフルエーケー合わせて約450人が参加するまでに広がりを見せている。

木製のニワトリを意味する木鶏は、中国の思想家・荘子の中に出てくる「強さを外に出さない最強の闘鶏」のことだ。敢闘精神を内に秘め、逆境や苦労も跳ね返す強い社員になって欲しいという私の願いと同じだ。

会では、まず「致知」に掲載された特集やエッセーの中から数編を選び、社員が読んで感じたことや、気付いたことをA4判の用紙の3分の2を使って文章化する。さらに4人1組で討論。考えを述べたり、意見を出し合ったりしながら、残り3分の1にその感想を書き込む手法だ。

社内木鶏会を導入して10年過ぎたが、じわりと効果が出てきたように思う。

感想文を書くのも、人前で意見を発表するのも苦手なジョイフルエーケーの女子社員に「苦手なことを続けるのはつらくないか」と訪ねると、彼女は「苦手ですが、『致知』を読み、社内木鶏会に参加している仲間がみんな成長しているから、続けているのです」という。

また、グループ会社で工事現場の足場をリースするキムラリースは、高校時代に少々やんちゃした社員が多く、文章を書くこととは縁遠い若者が多い。しかし、彼らも木鶏会に参加することで、たどたどしかった文章や文字がしっかり書けるようになり、討論での発表も次第にさまになってきたのだ。

ある社員は、家族から「お父さんが難しい本を読んでいる、感想文も書いている」と尊敬の目で見られるようになったと聞いている。

あいさつ、おじぎの仕方から「電話はワンコールで取る」といった基本動作の教育だけで5年かかるというのが実感だが、この社内木鶏会で社員たちが日々、成長していくのを見ることほど経営者としてうれしいことはない。

社員が社内木鶏会で学んでいるのに、私や幹部が研鑽を怠っては示しがつかない。

私が自己研鑽の必要性を感じたのは、1974年（昭和49年）に父・正二を失い、キムラの後を継いだころからだ。それまでは、早朝から夜中まで販路拡張、業績アップに懸命だった。

だが、会社の売上高が急増、従業員も増える中で、会社の使命、経営の哲学を学ばねば必ず限界が来ると考え、さまざまな研修会、勉強会などに出向くようになった。

幹部たちも同様だ。幹部にかける教育・研修費は1人当たり年間30万円から40万円だろうか。当然だが、その費用を惜しいとは思わない。

私や幹部の中に、形には見えない含み資産としての何かが残れば、会社にとっても本人にとっても意味のあることだろう。

企業の責任とは、成長とは、目指すべき経営のあり方とは……。多くは記さないが、学ぶことが多かった。その中で、今、私自身の指針として傾倒している教訓がある。

曹洞宗の開祖、道元の語録や問答をまとめた「正法眼蔵随聞記」にある次の言葉だ。

霧の中を歩けば、覚えざるに衣湿る
よき人に近づけば覚えざるによき人となるなり

「霧の中を歩んでいると気がつかないうちに衣が湿っている。優れた人に接していれば、いつの間にか自分自身も高められ、優れた人になっている」という意味だ。よき人に巡り合い、自らを鍛錬しながら、よき人生を送りたい、と考えるようになった。

もう一つ、研修や研鑽とは意味合いが異なるが、広告会社「ピーアールセンター」の田丸正則さんの呼びかけで発足した異業種交流組織「一への会」での活動を忘れることはできない。

札幌市内を中心に、「北海道一、日本一」を目指す経営者が集い、企業の枠を超えて北海道に貢献することを目的に、1985年（昭和60年）につくった会だ。現在、会員は約60人。最大の事業は、年1回、北海道ニューフロンティア経営セミナーと題して、会員が「この人の講演を聴きたい」という講師を札幌に招き、一般の人を含めて千人規模の盛大な講演会を開くことだ。

2017年（平成29年）は派手な帽子で知られるアパホテル社長の元谷芙美子氏、ジャパネットたかた前社長の高田明氏ら3人。過去には元衆議院議員・浜田幸一氏、落語家・桂文珍氏、政治評論家・三宅久之氏ら、そうそうたる方を招き、それぞれから有意義な話を聞かせてもらった。

私は公職、さまざまな団体のトップや役職に就くことはお断りしているが、「一への会」だけは、設立主旨、活動内容に共鳴し、よきメンバーに恵まれたこともあって、発足から2004年（平成16年）に顧問になるまで、会長を引き受けていた。

会員は全員昭和生まれで、発足当時は文字通り、血気盛んなメンバーが多かった。だから、会員の1人だった故・浜田輝男氏が北海道国際航空（現・ＡＩＲＤＯ）の設立に情熱を燃やしているのに同調し、1996年（平成8年）の同社設立時には、浜田社長の下、私を含め、「一への会」のメンバーである田中良治さん（タナカメディカルグループ）、土屋公三さん（土屋ホールディングス）、橋本昭夫さん（橋本・大川合同法律事務所）も取締役として経営陣に加わった。同じころ、石水勲さん（石屋製菓）、佐藤良雄さん（キャリアバンク）はコンサドーレ札幌の運営に参画していた。

社員旅行

キムラでは、節目の年の正月明けに、社員全員で海外旅行に行くのが慣例になっている。もちろん社員研修、教育が目的ではないが、社員同士、社員と会社の距離を縮めるという意味では、研修、教育以上の効果があるだろう。

記録では、1981年（昭和56年）の第1回は創業35周年記念のグアム旅行。その後、2014年（平成26年）の親睦台湾研修旅行まで計6回、ハワイやロサンゼルスなども訪れている。

参加人数は多い時は約180人。費用は一部自己負担のほかは、会社が負担するが、社員や家族が喜んでくれる上に、会社の一体感が高まることを考えれば、意義の

2 班で計 180 人が参加した台湾旅行（2014 年 1 月）

ある出費だといえる。

私は「趣味は仕事」と言ってはばからないが、実は唯一の趣味が海外旅行なのだ。先に触れたように30歳のころ、父に頼んで欧米8カ国の旅に出たのが最初だった。その後、1970年（昭和45年）からは、得意先のみなさんと頻繁に海外旅行に出かけている。単なる「遊覧」ではなく、各国の建材業界、住宅機器の商談会、建築事情の視察など、仕事も兼ねた視察旅行だ。

記録が残っている1994年（平成6年）以降だけでも、計23回。平均して1年に1回のペースだ。参加者は20人前後から50人ほどで、最初のころに行ったスリランカ旅行には90人が参加、航空機をチャーターして現地に飛んだ。

これまでの訪問先も北欧４カ国をはじめイタリア、メキシコ、米国、豪州、エジプト、中国、ベトナム、台湾など約20カ国・地域。そのたびに多くの刺激を受けた。

キムラ・フィロソフィー

キムラのロゴマークは、１９９４年（平成６年）に制作した。この本のカバー裏をご覧いただきたいが、やや右上がりの三つの赤い楕円は、右からお客様、キムラ、仕入れ先をそれぞれ表し、その一部を重ねて白抜きにすることで、三者が「三位一体」となって発展、共存することを表している。

ロゴマークの赤は燃える情熱を示し、常に上に向かって進む会社の姿を象徴しているのだ。

私や役員をはじめ、全社員がいつも携帯しているのが、このキムラの姿勢を銘記した手帳「キムラ・フィロソフィー　仕事を通じ幸せな人生を創る」だ。縦14センチ、横９センチ、27ページの小冊子の中には、先代から連綿と続くキムライズムとも言うべき考え方を５章に分けて全社員が共有できるよう書き記してある。

私や幹部の自己研鑽、社員の研修・教育を通じて目指している、キムラの考え方を分かってもらえるよう、その一部を紹介する。

まず、第1章「キムライズム」で、経営基本理念「キムラが目指す企業の心」として①社会への貢献②企業の永続③社員の幸せ―の三つを調和させ、ロゴマークが象徴するように、仕入れ先、お客様、キムラの三者が共に生成発展する「三位一体」の経営を実践することを掲げた。

その理念を簡潔に示したのが「社訓」だ。

勤労は歓喜に
情熱は成功に
誠実は信用に
感謝は幸福に

この4項目が、キムラの目指す企業人の心といっていい。

第一の「勤労は歓喜に」とは何か。

人間は生まれながらに大自然、先祖、両親に恩を受けて生かされている。その恩に報いるためにも何か役に立ちたいとの使命を持ち、心身を打ち込んでそれに喜びを感じ、働くことを勤労という。

働くことは食べるためのみの手段ではない。決して報酬の奴隷になるのではなく、自己表現をし、創造して学び、働くことを「勤労的働き」と考えたい。

喜んで働くから知恵が働き、頭も冴え、疲労も感じにくくなるのではないか。

次の「情熱は成功に」は目標を明確にして、熱意を持って行動すると同じ意味だ。大きい目標をもってひたすらそれに情熱を傾ければ必ず成功する。

失敗してもあきらめず、成功するまでし続ければ、結果は成功だ。思い込みを持ち続ける人を「信念の人」という。能力ではなく、強く思い込むかどうかが成功の鍵と確信している。

第三の「誠実は信用に」は、相手の立場と心情を考え、自分の良心に従って行動することを示した。

誠実な仕事の積み重ねが信用を作り、誠実な社員が会社の宝となる。事業を成すためにはお金より信用の方が重要で、相手に安心を与え、つながりが深くなっていく。

最後の「感謝は幸福に」の中には、お客様、仕入れ先へは、仕事を通じて企業が順調に発展させていただいているという、感謝の気持ちを込めている。

また、自分が生きていること、生かされていることに感謝すべきなのだ。

さらに、日本という安全で豊かな国、四季のある素晴らしい自然の中に暮らせることに感謝すべきだし、これらの多くの恩恵を受けて生かされている自分にも感謝し、その恩恵に報いるために精いっぱい仕事をするという考えを持つことが大切だと考える。

感謝することで、自身の心が豊かになり、幸福を自ら見出すこともできる。その結果、周りからの感謝としても返ってくるのだと思う。

○企業使命感

キムラが考える「企業使命感」についても説明したい。

企業使命感というのは、キムラが目指すコンセプト＝企業領域を示し、何で社会に役立てるかを表現したものだと言っていい。これは世の中の変化と共に変わっていくべきものでもある。

まず、1973年（昭和48年）に「建築金物・資材のスーパーダム」を使命感として定めた。必要な時にいつでも建築関連の資材を供給し続けてきたことが、キムラが今日まで存続できた理由であると考え、今後も一層、その使命を果たしたいとの願いから掲げたものだ。

しかし、15年後、卸売業は物流機能のハードだけでなく、ソフト重視の考え方が必要となり、次に「感謝でつくすキムラ」と定めた。

仕事を通じてお客様、仲間、株主、家族、社会（大自然も）からの恩恵に感謝し、その恩に報いることが企業の使命と考えたからだった。

だが、これだけではやや精神的すぎる感があり、企業としてのコンセプトをしっかりと示すために、1994年（平成6年）、新たに「住産業の流通と提案で社会貢献します」と改訂した。

説明を加えておきたい。

日本の住宅は先進国の中で最も満足度が低いと言われている。狭い、寒い、暑い、土地や建物のコストが高い、障碍《がい》者が住みづらい、各種規制が多い—など原因は数多くある。国も現状改善のために動き始めており、特に省資源の必要性から、当時、通商産業省（現・経済産業省）が新しいエネルギー基準による住宅建築を推進していた。

われわれが住む北海道は、高断熱への取り組みも早く、住宅の研究開発も進んでいる。キムラとしても省エネルギー住宅はもとより、ローコストの工法を提案する使命を強く感じている。

そのために今、省エネ、省コスト、省資源、省力化をテーマにした商品開発、工法に積極的に挑戦していかねばならない。

21世紀に入って、グローバルな発想が必要とされ、地球、環境、人に優しい、そして自然と調和し、心のやすらぎを重視した「住まい方」の提案が、キムラの使命となっている。

その具体的な行動の一つとして、わが社の住宅資材、建材などの展示会で「ホームリゾートの提案」を行い、新たな企業使命感として２００１年（平成13年）、「人と環境に優しい住まい方の創造と提案で社会貢献します」を表明した。

今後は資源の少ない日本で、省エネから一歩進んだゼロエネルギー住宅の時代を見据えた提案が必要になってくるに違いないと考えている。

○会社とは

キムラが考える「会社」「職業」「人材」「組織」「仲間」「仕事」「報酬」について書き留めておく。

まず「会社」とは何か。

キムラ・フィロソフィーの中で

「キムラは株式会社です。正しい手段で適正な利益をあげて企業を永続・発展させ利益を配分します」

と基本的な考えを書いている。

株式会社は本来、人と社会の役に立ち、利益を上げることを目的として作られており、経営者はその期待に添うような経営を、その協力者である部門長、社員、パートナーとともに実践する。適正な利益を生むためには、経営基本理念に沿わなければならないと言い換えてもいい。

また、

「キムラは企業としての使命を持ち続けることにより存在価値が増し、社会から必要とされます」

ともいうのが理念の一つだ。

言い換えれば、企業の持つ役割や使命が社会に対して貢献できなくなった企業は、社会に存在する必要がないということでもある。

さらに、

「キムラは環境に適応し革新を続けます」

とうたっている。

進歩のためには変化が不可欠だが、イノベーションの機会を常に模索し続ける必要がある。厳しい言い方をすれば「脱皮できない蛇は死ぬ」ということだ。

○職業とは

では「職業」とは何か。

わが社の考え方は

「われわれはプロでなければならない。プロは仕事を人生の手段ではなく目的とします」

に尽きる。価値ある人生とするために、仕事に使命を感じ、その中に喜びを見出し、生きがいになるようにするということだ。

また、

「個人的にも社員としても人生目標をしっかりと持ち、組織で行動しながらこれらの目標を着実に実現させていきます」

とも述べている。多くの説明は必要ないだろう。

職場については

「職場は自己の能力を伸ばす場であり、鍛錬をする道場です」

と意義づけた。人生の多くの時間を職場で費やす人は多いだろう。その場が単なる生活の糧を得るためだけのものではなく、仕事そのものから多くを学び、生きがいを見出すことができれば最高の「道場」にもなる。

世の中でたった一人の自分。長所・短所があり、得手・不得手や、他人にはない良いものも多く持って生まれてきている。この世に生を受けた以上、それぞれが生きる使命、役割を持っているに違いない。与えられた役目を自覚できた時、「職場こそ道場」という職業観が自分のものになるだろう。

さらに、

「働く意味とは仕事に使命を感じ、自己実現の喜びを見出すことです」と考える。

使命感に燃えて自己の能力を伸ばせば、収入も、心の豊かさも自然と実現できるものだ。しかし、収入を第一の目的とすると、仕事が苦痛になってくる。苦労は買ってでもせよとはいうが、苦痛を伴ってはならない。人生は一度きりだ。仕事に喜びを見出し、社員には意義のある人生を過ごしてほしいのだ。

○「人財」とは

人材はキムラの生命線と言っていい。だからキムラ・フィロソフィーの中でも「経営＝人財育成である。人の成長が企業の成長につながります」と宣言しており、

①お役に立つ感謝の心を育てる
②少数精鋭により、高い生産性をあげる
③健康で明るく、仕事に喜びを見出せる

以上、3点を社員教育の柱にしている。このような人を育てることができれば、会社も社員も必ず輝かしいものとなる。

また、

「少数精鋭の訓練された集団であるために絶えず能力開発に努めます」

とも書いた。

少数だから人が育つのだ。忙しいから、何とかやり遂げようとする知恵が働くのだ。4人で担ぐ神輿を5人、6人で担ぐようでは、緊張感をなくし、人は育たない。

そのためには、上司は絶えず仕事を通して部下を指導・教育しなければ責任を果したとはいえないだろう。

一方で、どこをみても同じようなタイプだけでは人材の幅がない。

そこで

「常に顧客満足の立場から発想し、問題の解決や新しい価値の創造提案ができるよう、自己の能力向上のため努力を傾注し、自分の役割を果たすことに誇りを持ち、自己実現による幸福と社業の繁栄を勝ち取る人間」

と、望むべき社員像を打ち出した。

○組織とは

言うまでもないが、社員個人の力、能力を十分生かすには「組織」がしっかりしていなければならない。

キムラ・フィロソフィーでは、組織について、まず

「全員参画により作成した目標に向かい、全員がそれぞれの役割分担を十分に認識の上、全力投球します」

としている。参画は自らプランを立て、DO、CHECKし、範囲を広くすることで、持てる力を十分に発揮できるようになる。

また

「組織は仕事を無駄なく円滑に、しかも能率を上げるために機能しやすい構造にし、環境の変化に対して柔軟に対応することが求められます」

とも書いた。ただ動き回るだけではコストがかかるだけだ。全員が能率よく働くため、小さな本社が良いと考える。

組織は経営の戦略を実践するために作るものだが、戦略によって柔軟に変化することが求められるのは、言うまでもない。

さらに

「組織の活性化を図るために、各部門がライバル意識を持ち、お互いを刺激し、組織として会社の業績向上に努めます」

と続けた。

学習塾は個人別、クラス別に成績を発表することでライバル意識を出させ、レベルアップを図っている。仕事でも同じではないか。

このほか

「役職＝肩書は職種を表し、組織の中で最高に発揮できる時のみ必要であり、位を表すものではありません」

としている。これは他社や通念とは違う考え方だ。叱り、指導する権限は直接上司のみにあり、何か問題がある場合は、上司を通して解決できるよう、上司は自部門の部下を保護しなければならない。見て見ぬふりはしないという決意でもある。

○仲間とは

定義づけるのは難しいが、キムラでは
「キムラの仕事に従事し、協力してくれるすべての人が仲間です」

と考える。

職場内での業務内容や雇用形態が違っていても、目的を達成するためにはお互い、仲間であるとの意識を持ち、協調することが必要だ。

その上で
「良い仲間が集う職場とは、規律とけじめのある、明るく楽しい前向きな職場です」

とした。

親しき仲にも礼儀ありで、けじめがあってこそ良好な環境の職場になるのだ。

一方で、

「和を大切にし、他人を犠牲にしてはなりません」

との考えも明示し、他人から学び、思いやり、気配りなどの姿勢があってこそ結束も生まれることを強調した。

この項目では

「本音でぶつかります」

とも述べている。責任を持って仕事をやり遂げていくためには、仕事に関係している人が、お互いに気付いた欠点や問題点を遠慮なく指摘し合うことが必要だ。

欠点や問題に気付いていながら、嫌われるのを恐れるあまりに指摘しないまま、和を保とうとするのは大きな間違いだ。

勇気を持ってお互いの考え方をぶつけ合うことが大切だし、こうした中から、本当の意味での信頼関係も生まれ、よりよい仕事ができるようになるのだ。

○仕事とは

「仕事」に関する考え方は、まず

「現状に満足せず、常に具体的事例を挙げて問題を提起し、その解決に挑戦することです」

と示した。

問題がない、というのが、実は問題なのだ。常に問題意識を持って現状を否定し、新たな問題を提起しなければならない。

しかし、具体性がないと、ただの批判に終わる可能性がある。仕事の役割、重要度、スピードなどを加味し、期間を決めて常に自分の案を用意して挑むことが必要なのだ。

次に

「常に業務改善に取り組みます」

と書いた。

仕事は常にコストダウンが要求される。また、日常、より改善された商品やソフトが開発されている。研究や改善のために目的、目標を鮮明にして取り組むことにより、効果、結果の検証をして成果を上げることが求められるのだ。

また、

「次の人が仕事をしやすいように仕事を伝えます」

では、仕事は一人ですべてできるものではなく、必ず次の人に移っていくことをはっきりさせ、その時、正確に仕事を伝えるよう心がけることを求めている。

言うまでもないことだが

「公私のけじめを大切にします」

も重要な気構えだろう。

些細な公私混同でも、モラルの低下を引き起こし、ついには会社全体を毒することになりかねない。日頃から自らを厳しく律していかねばならないのだ。

○報酬とは

「わが社の成果配分は、仕事をこなす能力と意欲によって生み出される成果、そして可能性について支払われるものです」。

これは、あえて説明する必要はないだろう。

少し長くなったが、「キムラ・フィロソフィー」は、経営陣、社員の心の骨格であり、社風や気質を形作っている基本的な考え方だ。

展望

キムラは創業から70年を超え、ジョイフルエーケーも開店から16年の青春期を迎えている。明治期に新潟から北海道に渡り、事業を興した木村勇作と後を継いだ又市。

父・正二は戦後の混乱期から高度成長期まで、時代を駆け抜けた。私は小売業から卸売専業へ、そして新しい分野への挑戦を続けた。ジョイフルエーケーをキムラグループの大黒柱に据えたのも、その一つだった。

私がよく使う例えに「猪も7代目には豚になる」という格言がある。変わらないように見えても、長い年月の間には変化し、勇猛だった気質がなくなってしまうという意味だ。

勇作を初代とすれば、私は7代の真ん中の4代目になる。幸い5代目の勇介は新しいリーダーとしてグループを率い、6代目の孫も数年のうちにキムラの次の世代を担ってくれるに違いない。だが、猪の格言が意味するように、企業が永続するには緩み、たるみは禁物だ。

キムラは道内6カ所、道外10カ所の事業拠点を築き、全国展開を果たした。このネットワークをどう活用するかが展望を切り開く鍵になる。

また、ジョイフルエーケーも4店態勢が整ったが、大型ホームセンターも次から次へと出店できる時代ではなくなった。既存店を拡大したり、売り場に手を加えたりしながら、テーマパークを訪れたように楽しめる「おもしろい」「めずらしい」店舗をつくることで、お客様の期待に応えていきたい。

好評な売り場をピックアップした店舗展開も必要になるだろう。２０１７年（平成29年）、札幌市手稲区で開店したペット専門ショップ「ペットワールドＰＲＯＸ」新発寒店もその一つの試みだ。

さらにこの年には、北海道への地域貢献を目的に、リージョナルマーケティング（サツドラホールディングスの子会社）と、一般社団法人「ＥＺＯＣＡみらい創造委員会」を設立した。売り上げの一部を基金として積み立て、道内の地域活動に活用してもらうのが狙いだ。

大麻店のある江別市とは、災害時協定を結ぶなど、これからは物販の枠を超えた社会貢献も、キムラ、ジョイフルエーケーが担う役目だと考えている。

column 04

木石庵《ぼくせき》

キムラは1970年(昭和45年)から1986年(昭和61年)まで札幌市の大谷地に住居付きの日本庭園を所有していた。庭園の木と石にちなんで「木石庵」と呼んでいた。

敷地は約8250平方メートルあり、庭園部分は約4950平方メートル。持ち主だった私が言うのもおかしいが、当時、道内では唯一の本格的な日本庭園で、大谷地の一区画を占める豪邸だった。

元々、関西の金融業者が造成したのだが、訳あって土地建物を管理していた銀行から頼まれて買うことになった。最初は誰も住んでいなかったが、庭の木が持ち去られる「事件」が相次ぎ、父・正二が管理人代わりに住み始めた。その後、母や私たち家族も移り、木村家の家になった。敷地にはキムラの独身寮もあった。

日本庭園はあまりに広すぎて、ある時、子供が学校から帰ってくると知らない

広大だった大谷地の旧自宅（写真中央）

家族がゴザを敷いて楽しそうに弁当を食べていた。知らない人だったが、相手があいさつするので、子供もあいさつを返してきたという。その家族に事情を聞いてみると、あまりに広いので公園と勘違いしたらしかった。

また、家の玄関から敷地の外まで70メートルほどあったので、大雪が降ると門までの除雪が大仕事。新聞の朝刊を取りに出ようと、朝一番に除雪を始めたが、終わったのは昼だったこともある。犬の散歩やジョギングなど近所の人が入ってくることは日常茶飯事だったが、特に問題もなく、そのうち気にならなくなった。

庭園には有名な庭石、北海道では珍しいという桜の木が植えられており、管理を任せた庭師は毎日、通って樹木や庭石の手入れをしていた。

住居も広い上に、2階には能舞台、1階には茶室2室がしつらえてあった。窓も多すぎて、大掃除の時は家族が窓ふきを終えるのに3日かかるほどだった。

ただ、関西の人が建てた住居だったので、北海道仕様になっていなかった。関西風に縁側が部屋を囲っていたのだが、真冬は冷気を防ぎきれず、ずいぶん寒い思いをした。

あまりの広さに、私たちも当初からもてあまし気味だったが、宴会をする時は重宝した。

毎年6月、「園遊会」と称して取引先や業界関係者、社員らを招いてパーティーを開いたほか、転勤する社員の壮行会、母の友人たちが集う場所に使うなど、ずいぶん活用した。先に書いた「一への会」の集まりにもよく使ったものだ。

だが、将来の株式公開を考え始めた時、「個人と会社の線引きははっきりさせないと公開は難しい」との指摘を受けた。そのためには家賃を会社に払うか、会社から財産の管理費を受け取るべきだというのだ。

広すぎて往生していたこともあり、当時、周辺で土地を探していた札幌市と土地を等価交換することになった。残念がる家族もいたが、そのまま持ち続けていたら維持できなくなるのは目に見えていた。

私たちが去った後、日本庭園はなくなった。少し寂しい気がする。

資料編

会社概要

●キムラ

▽社　　長　木村勇介
▽設　　立　1951年（昭和26年）
▽本　　社　札幌市東区北6東2、キムラビル5階
▽資 本 金　7億9335万円
▽従 業 員　194人（2018年、うちパート・嘱託55人）
▽事業内容　住宅資材を中心とした卸売、不動産賃貸・販売、ジョイフルエーケーによるホームセンター経営、住宅足場リース、ガラス・サッシ・建具工事、施工
▽事 業 所　本社、本社物流センター、道内営業所（旭川、帯広、釧路、函館）、道外営業所（仙台、郡山、関東＝さいたま市、千葉、東京、神奈川＝藤沢市、松本、名古屋、大阪、福岡）

●ジョイフルエーケー

▽社　　長　木村勇介

▽設　立　2001年（平成13年）
▽本　社　札幌市東区北6東2、キムラビル4階
▽資本金　9億8000万円（出資比率　キムラ51％、ジョイフル本田24・5％、アークランドサカモト24・5％）
▽従業員　829人（2018年、うちパート・嘱託422人）
▽事業内容　ホームセンター経営、リフォーム・エクステリア事業
▽事業所　屯田店（2002年開店、売り場面積2万1073平方メートル）、大曲店（2003年、2万2510平方メートル）、帯広店（2010年、1万1777平方メートル）、大麻店（2017年、1万9383平方メートル）、ペットワールドPROX新発寒店

売上高

年度	連結	キムラ	ジョイフルエーケー
2013	284億円	129億円	162億円
2014	275億円	121億円	159億円
2015	281億円	127億円	160億円
2016	283億円	131億円	155億円
2017	317億円	124億円	190億円

※1千万円以下は四捨五入、2016、2017年度は連結に「キムラリース」を含む

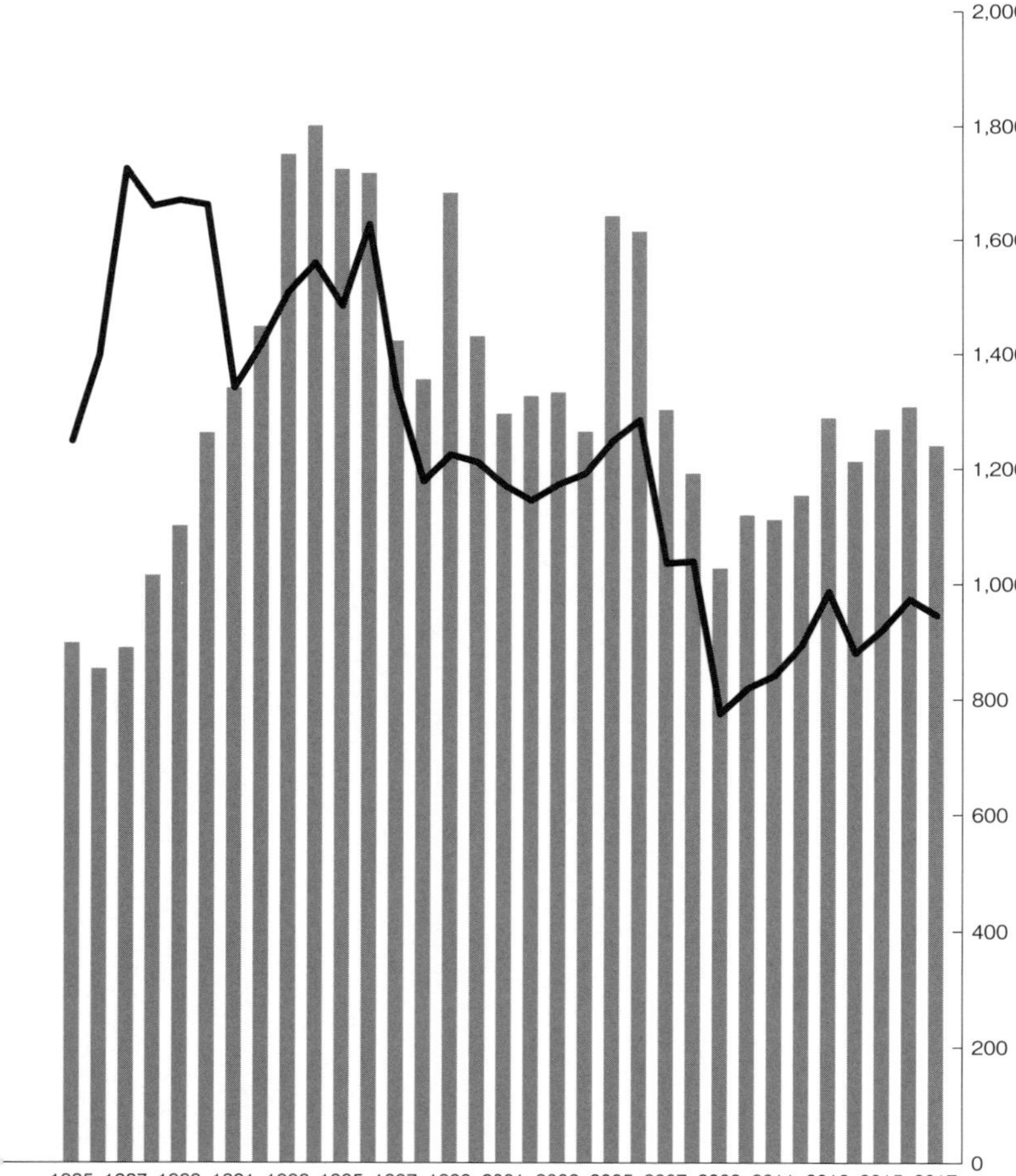

2,000
1,800
1,600
1,400
1,200
1,000
800
600
400
200
0
1985 1987 1989 1991 1993 1995 1997 1999 2001 2003 2005 2007 2009 2011 2013 2015 2017

キムラ売上高と住宅着工戸数の相関

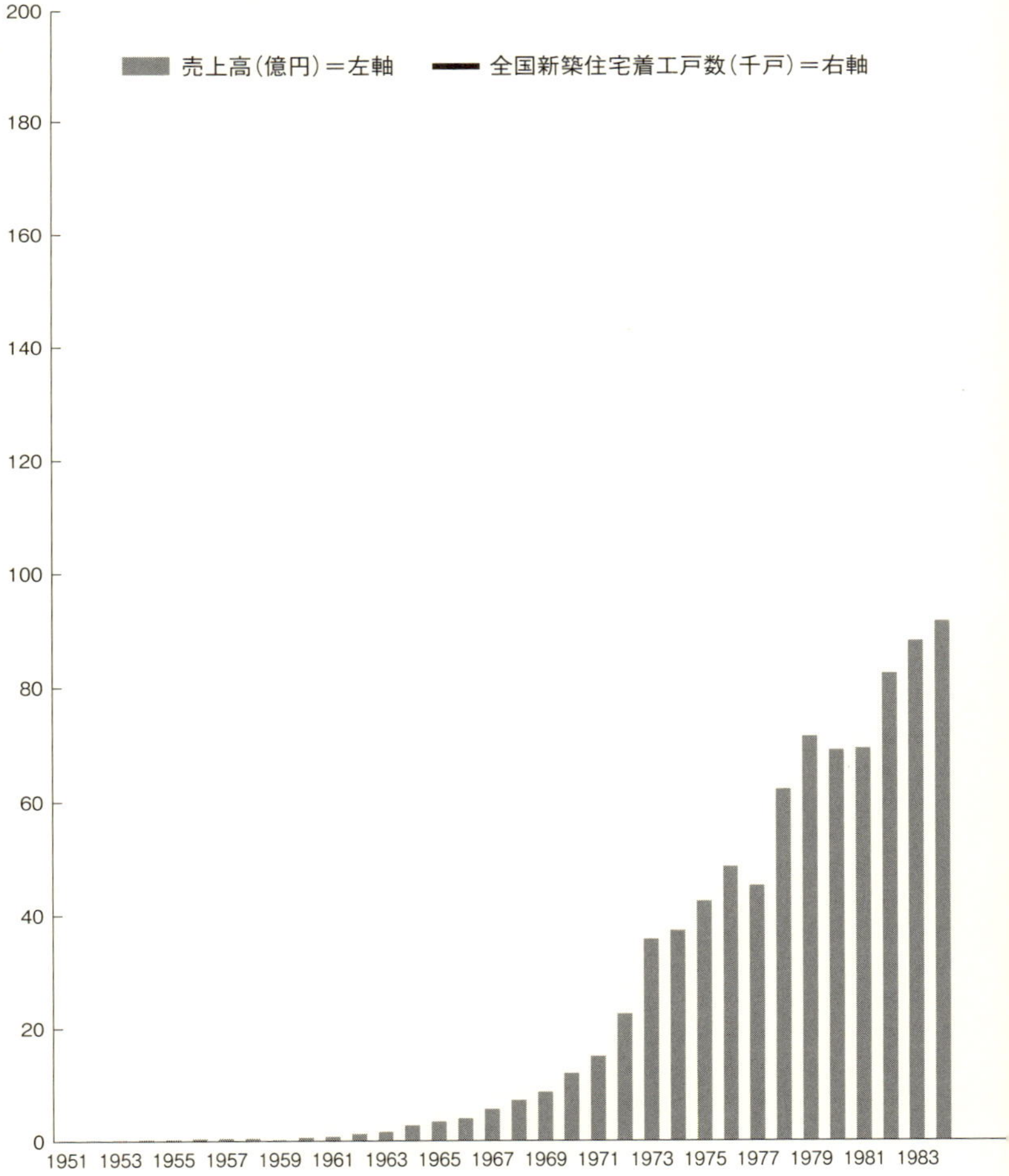

※途中で決算期を複数回変更していることから、記載の年度と暦年が異なるケースがある。
1990年度からは、翌年3月末決算の数値。

キムラ、ジョイフルエーケーの歩んだ道　年表

年	キムラ、ジョイフルエーケーの動き	社会の動き
1884（明治17）	木村家初代・木村勇作　新潟から札幌へ。酒造業を始める 2代目・又市	
1913（大正2）	キムラ創業者、3代目・正二（勇市の父）生まれる。	
1938（昭和13）	◆正二、元子（母）と結婚	
1939（昭和14）	◆木村勇市生まれる	
1946（昭和21）	正二、札幌市の狸小路の東端に「木村正二商店」創業（5月）	第一次農地改革、新選挙法による初の総選挙

1947（昭和22）		日本国憲法施行
1949（昭和24）	店頭販売の傍ら大工道具の販売に力を入れ、官庁、鉱山などに販路拡大	1ドル＝360円のレート設定
1950（昭和25）	道内各地の造船所に出張販売開始。5周年記念式典	新千円札発行
1951（昭和26）	木村正二商店を法人化し「株式会社木村金物店」に（1月）	
1954（昭和29）	建設業者に建設資材を販売開始 ◆札幌東高校入学	青函連絡船「洞爺丸」台風で沈没
1955（昭和30）	金物店、建材店にダイレクトメール販売開始	
1956（昭和31）		経済白書「もはや戦後ではない」
1957（昭和32）	◆関西大学商学部入学	

1958（昭和33）		岩戸景気
1960（昭和35）	大手建設業者と金物、工事用の製作金物の取引開始	所得倍増計画
1961（昭和36）	◆関西大学卒業、黒田商店（大阪）入社	
1962（昭和37）	配送トラックに無線機設置し、配送効率化開始	十勝岳噴火
1963（昭和38）	◆帰札。木村金物店入社	米ケネディ大統領暗殺
1964（昭和39）	北海道一円に出張セールス開始	東海道新幹線開業、東京五輪開催
1965（昭和40）	全道に配達サービス開始 ◆小沢イツと結婚	日勝道路開通
1966（昭和41）	アルミサッシの販売開始 ◆長男・勇介（現キムラ、ジョイフルエーケー社長）誕生 社名を「株式会社木村金物」に改称（9月）	日本の人口1億人突破

１９６７（昭和42）	商品情報を提供する「キムラカタログ」発行	
１９６８（昭和43）	札幌総合卸センター（札幌市東区北６東２）に新社屋建設、業務移転（１月）	十勝沖地震
１９６９（昭和44）	コンピューターによる販売管理開始	米アポロ11号月面着陸
１９７０（昭和45）	第１回展示即売会（現ホームビルダーズショー）開催	大阪万博開催
１９７１（昭和46）	大学新卒を初めて採用 埼玉県大宮市（現さいたま市）に東京営業所（現関東営業所）開設 函館市松川町に函館営業所開設（１９７５年に同市西桔梗町に移転）	沖縄返還協定調印
１９７２（昭和47）	社名を「株式会社キムラ」に改称（２月）	日本列島改造論構想 冬季札幌五輪開催 札幌市、政令指定都市に
１９７３（昭和48）	札幌市東区に物流センター設置	第１次石油ショック

1974（昭和49）	釧路管内釧路町に釧路営業所開設（1980年に釧路市星が浦に移転） 本社社屋を5階建てに増築 ◆父・正二死去（1月）。勇市、社長に	
1975（昭和50）		ベトナム戦争終結
1977（昭和52）	旭川市亀吉に旭川営業所開設（1983年に同市流通団地に移転）	有珠山噴火
1980（昭和55）	苫小牧市沼ノ端に苫小牧営業所開設（1984年に本社営業一部に統合）	
1981（昭和56）	創業35周年で全社員グアム旅行 仙台市に仙台営業所開設（1987年に本社に統合）	
1982（昭和57）	DIY事業部創設。ホームセンターのチェーン組織づくり開始（11月） 増改館、本社社屋内でオープン	東北新幹線開業
1983（昭和58）	千歳市にホームセンター「グッドー」開店（12月）	

1984（昭和59）	北見市小泉に北見出張所開設（1986年に釧路営業所に統合） 十勝管内芽室町に帯広営業所開設	
1985（昭和60）	一般建設業の許可取得	科学万博開催 日航ジャンボ機墜落
1986（昭和61）	北方圏諸国から住宅資材の輸入開始	公定歩合年4回引き下げ
1987（昭和62）	東京グッドリビングショーに参加・出展	国鉄、分割・民営化 NY株大暴落（ブラックマンデー）
1988（昭和63）	枠組み足場資材のレンタル事業開始 売上高100億円を突破	青函トンネル開業 日経平均株価、初の3万円台 札幌で「食の祭典」開催
1989（昭和64、平成元年）	仙台市に仙台営業所開設（1992年に宮城県大和町に移転） 石狩管内石狩町（現石狩市）にリースセンター開設 売り上げ100億円突破記念で全社員グアム旅行	昭和天皇、崩御 消費税導入

1990（平成2）	輸入促進貢献企業として北海道通産局長賞受賞	日経平均株価、急落
1991（平成3）	宅地建物取引業免許を取得 エース工法事業開始	
1992（平成4）	札幌市内で分譲マンション「モン・レーブ」販売開始	地価下落
1994（平成6）	◆孫・勇太朗（勇介の長男）誕生	円が1ドル＝100円突破
1995（平成7）	盛岡市に仙台営業所盛岡出張所（1996年営業所に昇格）、福島県須賀川市に仙台営業所郡山出張所（1999年仙台営業所に統合）を開設 長野県松本市に関東営業所の松本出張所（1997年営業所に昇格）を開設 株式を店頭公開（9月）	阪神・淡路大震災
1996（平成8）	新潟市に新潟営業所開設（2007年閉鎖）	
1997（平成9）		拓銀、経営破綻 山一証券が自主廃業

１９９８（平成10）	金物工具、建築資材の小売専門店として１００％子会社「株式会社アルミック」設立 本州営業所を統括する東京支店開設（２００４年東京営業部に変更）	冬季長野五輪開催
２０００（平成12）	全社員、ハワイで新年会	有珠山噴火
２００１（平成13）	創業55周年で全社員が米ロサンゼルス旅行 大型ホームセンターとして51％出資子会社「株式会社ジョイフルエーケー」設立（8月） ◆母・元子死去（8月）	
２００２（平成14）	ジョイフルエーケー屯田店オープン（6月） 木村勇介社長就任（8月）	サッカーW杯日韓大会開催
２００３（平成15）	郡山営業所、横浜営業所開設（２００９年閉鎖） ジョイフルエーケー大曲店オープン（10月）	プロスキーヤー三浦雄一郎氏エベレスト最高齢登頂
２００４（平成16）	東京営業所開設 ジャスダック証券取引所（現東京証券取引所ＪＡＳＤＡＱ市場）に上場（12月）	

2005（平成17）	「ベイシティガーデン小樽」分譲開始（10月）	北海道新幹線新青森-新函館間着工 愛知万博開催 知床が世界遺産に 郵政解散選挙で小泉自民党圧勝
2006（平成18）	商品開発企画課設置 60周年記念式典（6月）	WBCで日本優勝
2007（平成19）	平成18年度経常利益が10億円を超え、過去最高 役員退職金制度廃止 「致知」社内木鶏会による研修、教育始める 商品提案型モデルハウス建設	新潟県中越沖地震
2008（平成20）		洞爺湖サミット開催 リーマンショック
2009（平成21）	自己資本比率60%を超える リース事業部恵庭営業所開設	総選挙で民主党圧勝 道、14支庁を総合振興局などに再編

2010（平成22）	ジョイフルエーケー帯広店オープン（7月） 確定拠出年金導入	
2011（平成23）	全社グアム旅行 新中期経営計画プロジェクトスタート ジョイフルエーケーが「グッドー」を吸収合併 大阪営業所開設 「株式会社アルミック」全株式を譲渡	東日本大震災
2012（平成24）	クワザワ、丹波屋と展示会の共催開始 オリジナルブランド「アルミック」商標登録 第一回全社木鶏大会 リース事業、道央圏ナンバーワン達成	中国共産党、習近平総書記を選出
2013（平成25）	名古屋営業所開設	
2014（平成26）	親睦台湾研修旅行	消費税8％に引き上げ
2015（平成27）	コーポレート・ガバナンス・コード施行 社外取締役導入 リース事業部旭川営業所開設	

2016 （平成28）	木村勇介社長、ジョイフルエーケーの社長に就任（2月） リース事業部を分社、「株式会社キムラリース」設立。	英、ＥＵ離脱決める 北海道新幹線開業
2017 （平成29）	ジョイフルエーケー大麻店オープン（3月） ニヘイと展示会を共催（アクセス札幌） 千葉営業所開設 ジョイフルエーケー　ペット専門店をオープン（12月）	米トランプ政権誕生 衆院選で自民党大勝
2018 （平成30）	「東洋ガラス工業株式会社」をＭ＆Ａで買収（1月） 「株式会社テクノ興国」をＭ＆Ａで買収（2月） 福岡営業所開設（出張所から格上げ） 神奈川営業所開設	初の米朝首脳会談 西日本豪雨災害 北海道胆振東部地震

あとがき

２０１１年（平成23年）３月11日、東日本大震災の発生直後、私はジョイフルエーケー社長の勇介と群馬県東部の千代田町にいた。出資してもらったジョイフル本田千代田店の開店祝賀会に出席するためだ。

千代田町は震度５強。大きな揺れで、千代田店も壊滅的な被害を受けていた。店舗の「顔」ともいえる真っ黒な塗装の外壁がはがれて鉄骨に垂れ下がり、停電で店内照明も使えない。開店は３月15日。たった４日で修復するのは、どう見ても難しかろうと思った。だが店に行くと、店の外では作業員が必死に外壁を修理していた。停電で真っ暗の店内ではバックヤード（倉庫）や売り場の崩れた商品、在庫を積み直す作業が進んでいた。是が非でも開店するつもりだったのだ。

開店日は早朝から被災者や住民が店の前に列を作り、オープンと同時に店内に流れ込んだ。停電のため店内は真っ暗だったが、祭りの時に使うコードでつないだ電球を自家発電で灯した。レジでは担当者が頭にヘッドランプを付けて明かりをとり、忙しくキーをたたいていた。

生活雑貨、飲料水、工具、乾電池など開店準備のため、商品の在庫はたっぷりあったが、未曾有の災害の中で来店者も、従業員も殺気立っていた。

物が足りない、支援物資も届かない中、おそらく普段の3倍の値を付けても売れただろう。もちろんジョイフル本田はそんなことはしない。考えもしなかったに違いない。それどころか、捨て値と言っていいほどの安い値段を付け、被災者の手に届けたのだ。

未曾有の災害だからこそ開店しなければならない、ホームセンターの存在意義が問われている、というジョイフル本田の意気込み、企業の使命感を果たそうとする執念を、目の当たりにした出来事だった。

札幌に戻ると、北海道電力の方が本社を訪ねてきた。これから東北電力の応援に向かうが、現地に持って行くガソリン携行缶が足りないという。

被災地ではまだ停電が続き、自家発電、照明、暖房など、ガソリンは不可欠だ。だが、それを運ぶ携行缶がなくては、十分な支援が難しい。道内にある在庫をかき集めさせ、被災地の復興支援に役立ててもらったのは、言うまでもない。

１９９５年（平成7年）の阪神淡路大震災の時は逆の出来事があった。知らない業者がキムラから、ありったけのブルーシートを買いたいと言ってきた。値段はいくらでもいいという。明らかに被災者に高く売りつけるのが狙いだと分かった。

当時、関西方面に出先はなかったが、お世話になっている住宅資材、金物・工具など多くのメーカーが、工場や社屋に大きな被害を受けていた。そこにつけ込むとは捨て置けないと思い、キムラが抱えていたありったけのブルーシートを集め、メーカーに無料で届けた。災害でもうけようとする連中に売る商品はない。後で各社から感謝を伝えられた時には、その連中を見返してやったような気がしたものだ。

ジョイフルエーケーは２０１７年（平成29年）5月、大麻店のある江別市と災害時協定を結んだ。地震などの災害時、食品、飲料、日用品など必要な物資を供給し、被災住民への支援と江別市との相互協力を約束する内容だ。

大型ホームセンターに求められる社会的役割を担う第一歩だと考えている。

ちなみに、ジョイフル本田千代田店も２０１８年（平成30年）2月、地元千代田町と同様の災害協定を結んでいる。

キムラ創業から70年余、私が入社してからも55年が過ぎた。若い時は、ただがむしゃらに働いたが、年を追うごとに、キムラ、ジョイフルエーケーはどうあるべきか、企業の使命とは何かを問い始めた。

企業である以上、利益を追求し、会社を発展させるのは当然だ。同時に、企業が果たす社会的役割と責任を自問するのも、経営者の仕事だと考える。「あとがき」に震災時の二つのエピソードを添えたのも、住宅・建設資材商社としてのキムラ、大型ホームセンターとしてのジョイフルエーケーにとって、果たすべき使命が垣間見えたからだ。

◇

この本は、木村家とキムラの歴史、ジョイフルエーケー創業を中心に書き進めた。80歳になる私の記録として残しておきたいというのが出版のきっかけだが、関係者だけではなく、多くの人の目に留まり、ご一読、ご指導いただければ幸いだ。

多くの人とのご縁に深く感謝するとともに、家庭を顧みなかった私を支え、励まし続けてくれた妻イツに感謝し、筆を置く。

２０１８年９月

キムラ、ジョイフルエーケー会長　木村勇市

カバーデザイン　佐々木正男（佐々木デザイン事務所）

北の企業家
撃て！ そして狙え！　巨艦DIYの船出

発行日　2018年11月30日　初版第1刷発行
著　者　木村勇市
発行者　鶴井　亨
発行所　北海道新聞社
〒060-8711　札幌市中央区大通西3丁目6
出版センター（編集）TEL 011-210-5742
（営業）TEL 011-210-5744

印刷・製本　株式会社アイワード

乱丁・落丁本は出版センター（営業）にご連絡くださればお取り換えいたします。
ISBN978-4-89453-929-7